LIBRO del alumno

Etapa 7
Géneros

Nivel

B1.2

© Editorial Edinumen, 2010.
© **Equipo Entinema:** Sonia Eusebio Hermira, Anabel de Dios Martín, Beatriz Coca del Bosque, Elena Herrero Sanz, Macarena Sagredo Jerónimo.
   Coordinación: Sonia Eusebio Hermira.
© **Autoras de este material:** Anabel de Dios Martín y Sonia Eusebio Hermira.

Coordinación editorial:
Mar Menéndez

Diseño de cubierta:
Carlos Casado

Diseño y maquetación:
Carlos Casado, Josefa Fernández
y Juanjo López

Ilustraciones:
Carlos Casado

Fotografías:
Archivo Edinumen

Impresión:
Gráficas Glodami. Coslada
(Madrid)

Editorial Edinumen
José Celestino Mutis, 4.
28028 Madrid
Teléfono: 91 308 51 42
Fax: 91 319 93 09
e-mail: edinumen@edinumen.es
www.edinumen.es

ISBN: 978-84-9848-186-0   **Dep. Legal:** M-25941-2010

Índice de contenidos

Introducción

Etapas es un curso de español cuya característica principal es su distribución **modular** y **flexible**. Basándose en un enfoque orientado a la acción, las unidades didácticas se organizan en torno a un objetivo o tema que dota de contexto a las tareas que en cada una de ellas se proponen.

Los contenidos de **Etapas** están organizados para implementarse en un curso de 20 a 40 horas lectivas según el número de actividades opcionales, actividades extras y material complementario que se desee utilizar en el aula.

El *Libro del profesor* contiene indicaciones de las actividades y sugerencias de ejercicios alternativos. Incluye, también, transparencias y fichas con material complementario y, en ocasiones, necesario para la realización de algunas actividades. Estas permiten ofrecer en el *Libro del alumno* dinámicas de aprendizaje más activas y variadas. El *Libro del profesor*, por tanto, es imprescindible para trabajar con **Etapas**.

INCLUYE **EXTENSIÓN DIGITAL**

Accede a tus complementos interactivos extras en
www.edinumen.es/eleteca

Código de acceso: 98481860

Descripción de los iconos ....

 → Actividad de interacción oral.

 → Actividad de reflexión lingüística.

 → Actividad de producción escrita.

 → Comprensión auditiva. El número indica el número de pista.

 → Comprensión lectora.

 → Actividad opcional.

Índice de contenidos

Unidad I

Notas de cultura

ooooooooooooooooooooooooooooooooooooooooooooooooooooo

Tareas:

- Conocer aspectos relacionados con la comunicación no verbal.
- Escribir notas con diferencias de comportamiento cultural entre diferentes países.
- Compartir anécdotas de malentendidos culturales.

Contenidos funcionales:

- Narrar: relatar historias y anécdotas.
- Mostrar interés.
- Expresar sentimientos.
- Desenvolverse en diferentes situaciones sociales.

Contenidos lingüísticos:

- Recursos orales para reaccionar y mostrar interés.
- Repaso de pasados: pretérito imperfecto, pretérito indefinido, pretérito pluscuamperfecto.
- El uso del pretérito imperfecto en el estilo indirecto.
- Expresiones sociales: *Enhorabuena; Que te mejores; ¿Qué es de tu vida?/¿Cómo te va?; Felicidades; Cuánto lo siento; ¡Que te vaya bien!; Ya verás como todo se arregla; Venga. Anímate; A ver si nos vemos. Te llamo…*

Contenidos léxicos:

- Gestos y comunicación no verbal.

Contenidos culturales:

- Comportamientos lingüísticos y culturales.

I Diferencias y semejanzas culturales

● ●

I.I. 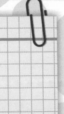 **Pregunta a tus compañeros la siguiente información y después completa las notas con los datos de tres compañeros.**

Profesión.

Ciudad de la que es y ciudad en la que vive.

Razones para estudiar español.

Países en los que ha vivido.

Gestos que se utilizan en su país para decir: yo, tú, sí, no, quizás, mucho, poco, no lo sé.

1.2. Mira las imágenes y lee las descripciones de algunos gestos que se utilizan en España. ¿Son diferentes en tu país y en el de tus compañeros? Coméntalo con la clase.

Yo

La persona se señala a sí misma con el dedo pulgar o el dedo índice, tocándose a la altura del pecho.

Tú

Una persona señala a otra con el índice a la altura del pecho, pero sin tocarla.

Sí

La persona mueve la cabeza de arriba abajo dos o tres veces.

No

La persona mueve la cabeza girándola de un lado a otro.

Quizás

La persona mueve la cabeza de izquierda a derecha, con una mueca de duda en la cara: arruga los ojos o los labios.

Mucho

La persona mueve la mano de arriba abajo varias veces y lo acompaña de un soplo en la boca.

Poco

La persona pone los dedos índice y pulgar de forma horizontal y paralela.

No lo sé

La persona se encoge de hombros, mostrando las palmas de las manos y mueve la cabeza de un lado a otro, bajando la expresión de la boca en una curva hacia abajo.

1.2.1. Piensa en algunos gestos que se hacen en tu país y que sabes o que imaginas que pueden ser diferentes en otros países para, después, contárselos a la clase.

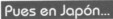 Pues en Japón...

*El gesto que acompaña a **yo** es tocarse la nariz con el dedo índice o tocarse el pecho con la palma de la mano.*

I.3. Las posibles diferencias culturales pueden originar malentendidos. Lee el siguiente texto y complétalo con las palabras del recuadro.

> locuaz ▪ desinterés ▪ intrusión ▪ reservados
> culturas de no contacto ▪ irritados ▪ gesticulen

¿Qué piensan los hispanos de los europeos del norte si no saben que...?

Si el hispano no sabe que los europeos del norte, en general, son silenciosos, le parecerán muy (1) ...., puesto que se limitan a dar una cantidad de información mínima: se ajustan al formato de pregunta-respuesta, lo que conlleva unos turnos de palabra predeterminados, sin interrumpir. Esto le parecerá al hispano una posible muestra de (2) .... También puede observar falta de interés si no sabe que las culturas europeas del norte son (3) .... Y además, el hecho de que casi no (4) .... puede dar la impresión de ser poco dinámicos o, incluso, sosos.

¿Qué piensan los europeos del norte de los hispanos si no saben que...?

Quizá al europeo del norte le parezca algo exagerada la cantidad de información que da el hispano, e incluso, es posible que les parezca muy (5) .... Puede interpretar las frecuentes interrupciones en los turnos de palabra como una falta de educación, puesto que tendrá la sensación de que el hispano no le deja hablar. La poca distancia física que guarda el hispano puede constituir una (6) .... de su espacio íntimo personal. Asimismo, los gestos probablemente le parezcan algo exagerados, o por lo menos enfáticos.

Está de más decir que tanto el hispano como el nórdico saldrán (7) ...., decepcionados, o por lo menos sorprendidos, de la interacción intercultural, si no son conscientes desde el principio de ciertas diferencias interculturales fundamentales entre sus respectivos modelos comunicativos.

Fragmento extraído y adaptado del documento "Sobre máximas y turnos: análisis de un modelo comunicativo mexicano y holandés" en http://igitur-archive.library.uu.nl/let/2006-1201-203017/Nieuwenhuijsen_05_charla%20mexicanistas.doc

I.3.1. Vuelve a leer el texto anterior y, con tu compañero, escribe una nota con las diferencias de comportamiento entre ambas culturas.

I.3.2. ¿Tienes alguna experiencia como la que se cuenta en el texto? Háblalo con tus compañeros.

I.4. ¿*Tú* o *usted*? ¿Qué usas en las situaciones que te va a mostrar tu profesor?

1.5. Lee la siguiente historia que cuenta un estudiante de Erasmus en España y trata de buscar una respuesta a su pregunta. Háblalo con tu compañero.

Malentendido n.º 1

Soy griego. Un día fui a casa de un compañero de clase a terminar un trabajo. Estábamos un poco cansados, llevábamos trabajando más de tres horas. Yo leía muy concentrado una información que había encontrado en Internet cuando él me preguntó que si quería un café; yo moví la cabeza para decirle que no. Pero él se levantó y se fue a la cocina. Cuando volvió a la habitación, traía una bandeja con dos cafés y un plato de galletas. Me preguntó: "¿Lo quieres solo o con leche?". Me dio tanta vergüenza decirle que no me gustaba el café, que me lo tomé sin respirar. ¿Por qué hizo el café si le había dicho que no quería?

1.5.1. Lee la siguiente información sobre los usos de los pasados en español y discute con tus compañeros qué ejemplos en el texto se refieren a las distintas explicaciones gramaticales.

Usos de los pasados

El pretérito imperfecto...

a) ...describe personas, lugares, hábitos, las circunstancias de un relato.

b) ...describe un suceso, una situación o un estado que es interrumpido por otro suceso.

c) ...en el discurso referido o estilo indirecto se corresponde con el uso del presente en el estilo directo.

El pretérito indefinido...

...relata los sucesos y las acciones pasadas y las presenta totalmente terminadas.

El pretérito pluscuamperfecto...

...narra sucesos que ocurren en un momento anterior a otro suceso pasado.

1.5.2. Lee la siguiente historia de otro malentendido cultural y discute con tu compañero el uso de los pasados, tal y como habéis hecho anteriormente con vuestro profesor.

Cuando llegó mi abuela inglesa a Suazilandia por primera vez hace 30 años, invitó a una amiga suazi a comer. Mi abuela había preparado una gran comida. Cuando su amiga llegó, entró y rápidamente se sentó sin ser invitada a hacerlo. Mi abuela, que era inglesa, se quedó con la boca abierta, pero no dijo nada. Unos días después, mi abuela hablaba con otra amiga y se quejaba de lo maleducada que había sido la invitada... Esta le explicó que, según la tradición suazi, siempre había que tener la cabeza más baja de la de alguien mayor, nunca más alta y nunca al mismo nivel. Y como mi abuela era bastante baja... ¡Qué gracia!

1.5.3. Completa la historia que te va a dar tu profesor para después contársela a tu compañero.

1.5.4. Cuéntale a tu compañero el malentendido que acabas de leer, escucha el suyo y juntos intentad buscar alguna explicación.

1.5.5.  Fíjate cómo se explica el malentendido cultural en el texto de 1.5.2. Ahora, escucha cómo un intermediador cultural da una explicación a los otros malentendidos culturales que has leído. Completa el siguiente resumen.

Malentendido 1

El español interpretó el (1) .... de su amigo griego según su cultura: para los españoles (2) .... la cabeza de arriba abajo significa (3) ....

Malentendido 2

Para el alumno fue una (1) .... porque sintió que el profesor no valoró su regalo. En su país hacer un regalo al profesor es para (2) .... su enseñanza.

Malentendido 3

Cuando los japoneses reciben un (1) .... tienen que (2) .... con otro. A veces sienten que con su regalo pueden poner en una situación (3) .... a otra persona (sobre todo si escuchan: "no era necesario").

1.5.6. ¿Estás de acuerdo con las siguientes afirmaciones del intermediador cultural? Háblalo con la clase.

[1] Lo más importante es que las tres personas son conscientes de que hubo un malentendido cultural. Esto es un gran paso, porque tienen curiosidad por informarse de las diferencias culturales.

[2] Todos sabemos que los gestos no son internacionales, pero en la práctica lo olvidamos.

[3] A veces no tenemos que entender, sino simplemente aceptar y respetar.

1.6. Pregunta a tus compañeros qué respuestas se parecen más a las que ellos utilizan en las en siguientes situaciones.

1. En tu casa, un/a amigo/a te dice: *¿No tienes frío?* Contestas…
- [ ] **a.** *No.*
- [ ] **b.** *Yo no, pero, ¿quieres que cierre la ventana?*

2. Has quedado en el cine con un/a amigo/a cuando llegas, te dice: *Vamos, que ya he sacado las entradas.*
- [ ] **a.** *Ah, gracias.*
- [ ] **b.** *Vale, ahora te pago.*

3. En el restaurante, a la hora de pagar, antes de que tú hayas sacado el dinero, tu amigo va a pagar al camarero. Dices…

☐ **a.** *Deja, deja, que yo pago.*

☐ **b.** *No dices nada, aceptas la invitación.*

4. Vas con tu hermana por la calle y te encuentras a una compañero/a de clase. Le saludas y…

☐ **a.** Le presentas a tu hermana y dices algo similar a: *Esta es mi hermana María, que ha venido a pasar aquí unos días…*

☐ **b.** No presentas a tu hermana.

5. Es tu cumpleaños y un/a compañero/a de clase te da un regalo.

☐ **a.** Lo abres y dices: *Es precioso, muchas gracias, pero no tenías que haberme comprado nada.*

☐ **b.** Lo abres y dices: *Muchas gracias, es muy bonito.*

1.7. 📖 **Lee la historia que nos cuenta Marcos y que te muestra tu profesor: ¿por qué pensó que Luciano no le estaba escuchando?**

1.7.1. 🔊 **A Marcos le sorprendió la respuesta de Luciano porque no era la que él esperaba. Escucha la conversación que Marcos esperaba de la situación y completa los espacios en blanco.**

1.7.2. **R** Este es el esquema habitual que se utiliza en español para contar historias. Léelo y completa los espacios con las frases de la actividad anterior.

Para contar historias

Persona que cuenta (A):	Persona que escucha (B):
A. Avisar de que voy a contar algo: 1. *¿Sabes una cosa?* 2. *¿Te he contado lo que me pasó...?* 3. .... (a)	**B.** Mostrar interés: 1. *¿Qué?* 2. .... (b)
A. Empezar a contar y contar: 1. *Resulta que...* 2. *Pues ayer/el otro día...* 	**B.** Mostrar más interés: 1. .... (c) 2. *¿Y qué hiciste?* **B.** Mostrar sentimientos: 1. .... (d) 2. *¡Qué interesante!* 3. *¡Qué bonito!* 4. *¡Qué curioso!*

1.7.3. 🔊 [3] Escucha las historias de la grabación: ¿qué tipo de situaciones describen? Relaciona con el diálogo.

① Situación que produce enfado ante la impotencia de no poder hacer nada. •   • ⓐ ☐ Diálogo a: ....

② Situación en la que se pasa miedo. •   • ⓑ ☐ Diálogo b: ....

③ Situación embarazosa. •   • ⓒ ☐ Diálogo c: ....

④ Situación favorable para la persona: éxito, alegría... •   • ⓓ ☐ Diálogo d: ....

1.7.4. 🔊 [3] Vuelve a escuchar la grabación anterior y escribe, en el espacio en blanco, la expresión que utilizan para mostrar el sentimiento.

1.7.5. ✏️ Lee la anécdota que te va a dar tu profesor. Completa los espacios con el tiempo adecuado del pasado y fíjate en el significado de las expresiones que aparecen para mostrar sentimientos.

1.7.6. 🗣️ Resume a tu compañero la historia que has leído y explícale el significado de las nuevas expresiones que has aprendido para mostrar sentimientos. Completad juntos la siguiente nota.

- ¡Anda!
- ¿De verdad?
- ¡Qué pena!
- ¡Qué mala suerte!
- ¡Qué fuerte!
- ¡Qué horror!
- ¡Qué gracia!
- ¡Qué susto!

1.8. Lee el principio de las historias que te va a dar tu profesor, inventa el resto y cuéntaselas a tu compañero. Escucha las suyas y muestra interés.

2 ¿Qué dices en estas situaciones?

2.1. Mira las siguientes imágenes. ¿Qué están mostrando? Háblalo con la clase.

2.1.1. Jumiko, estudiante de español, quiere saber qué expresiones podemos utilizar en las situaciones anteriores. Ayúdale a completar sus notas. Tu profesor te dirá qué tienes que hacer.

[a] Para felicitar a alguien por un éxito o una buena noticia:
1. ....
2. ....

[b] Para despedirse de alguien que está enfermo o se encuentra mal:
1. ....
2. ....

[c] Para saludar a alguien que hace tiempo que no vemos:
1. ....
2. ....

[d] Cuando alguien nos cuenta una mala noticia:
1. ....
2. ....

[e] Para consolar y animar a alguien:
1. ....
2. ....
3. ....

[f] Para desear buen viaje, buen fin de semana, etc.:
1. ....
2. ....

[g] Para despedirnos de alguien que nos hemos encontrado por casualidad:
1. ....
2. ....
3. ....

[h] En un cumpleaños:
1. ....
2. ....

2.1.2. Lee los diálogos entre Jumiko y su profesora, que te va a dar tu profesor y comprueba tu respuesta anterior.

2.1.3. Vuelve a leer los diálogos anteriores y, con tus compañeros, comenta los elementos culturales que aparecen en ellos para después hablarlo con la clase.

> Pues, mira, aquí, cuando dice que tiene que felicitarla dos veces, yo creo que esto es algo frecuente en la cultura española.

2.1.4. Actividad en parejas. Utiliza los diálogos de 2.1.2. y, con tu compañero, escribe los diálogos originales entre las personas que tienen la conversación.

2.2. Inventa situaciones en las que puedas utilizar las expresiones anteriores. Trabaja con tu compañero.

3 Notas

3.1. Repasa la unidad y haz fichas con tus notas personales de todo aquello que quieras recordar.

Unidad 2

Diarios de amor

○○

Tareas:
- Conocer los diarios de dos personajes.
- Escribir consejos para enfrentarse a la vida y al amor.
- Compartir historias de relaciones personales.
- Completar una página de un diario de aprendizaje.

Contenidos funcionales:
- Hablar de las relaciones personales.
- Dar consejos y recomendaciones.

Contenidos lingüísticos:
- Expresiones y verbos relacionados con las relaciones personales: *Hacerse muy amigos; Llevarse muy bien/mal con alguien; Sentir algo especial por alguien; Caer bien/mal/estupendamente/fenomenal.*
- Morfología del condicional.
- Repaso del imperativo positivo y negativo.

Contenidos léxicos:
- Léxico relacionado con las relaciones personales, la amistad y el amor.

Contenidos culturales:
- Canciones de amor.

I · El amor y las relaciones

I.I. Ordena los siguientes momentos en la vida de una persona, trabaja con tus compañeros.

- [a.] **Enamorarse.** ☐
- [b.] **Casarse.** ☐
- [c.] **Conocer a alguien.** ☐
- [d.] **Divorciarse.** ☐
- [e.] **Salir con él/ella.** ☐
- [f.] **Tener un hijo.** ☐
- [g.] **Conocerse bien.** ☐

I.2. Según los expertos, estas son las seis claves para conservar el amor. Léelas y escribe una palabra que se corresponda con esa descripción. Trabaja con tu compañero.

1. Aceptar las opiniones y las acciones del otro aunque sean diferentes a las tuyas: ......tolerancia.......

2. Estar junto a la otra persona en los momentos divertidos y también cuando hay problemas, para demostrarle el amor y el cariño: ....

3. Sentimiento fuerte e intenso: ....

4. Pensar que una cosa o persona tiene características tan buenas que puede servir como modelo: ....

5. Aceptar que la otra persona tiene su propia personalidad y opiniones: ....

6. Capacidad de ver el lado divertido de las cosas: ....

1.2.1. Comprueba tu respuesta anterior con la actividad que te va a proponer tu profesor.

1.3. Vamos a escuchar una canción en la que una pareja cuenta cómo se conocieron. Fíjate en el título y comenta con tus compañeros su significado.

Es caprichoso el azar

1.3.1. [4] Lee la estrofa que canta el hombre, escucha la canción y marca con ✓ las frases que dice la mujer que son iguales a las del hombre y con una ✗ las que son diferentes.

Canta él		Canta ella
Fue sin querer…	→	**1.** ☐
Es caprichoso el azar.	→	**2.** ☐
No te busqué	→	**3.** ☐
ni me viniste a buscar.	→	**4.** ☐
Tú estabas donde	→	**5.** ☐
no tenías que estar;	→	**6.** ☐
y yo pasé,	→	**7.** ☐
pasé sin querer pasar.	→	**8.** ☐

Y me viste y te vi
entre la gente que iba y venía
con prisa en la tarde
que anunciaba chaparrón.
Tanto tiempo esperándote…

Pero prendió el azar…
Semáforos carmín
detuvo el autobús y el aguacero
hasta que me miraste tú.
Tanto tiempo esperándote…

1.3.2. [4] Vuelve a escuchar la canción y escribe las frases de ella que son diferentes.

_____
_____

1.3.3. Las imágenes que te va a dar tu profesor cuentan esta historia de amor. Lee la canción y ordénalas.

1.3.4. Vais a leer las hojas de los diarios de Ángel y Ángela en los que cuentan el día que se conocieron. El problema es que se han mezclado. Trabaja con tu compañero y ordénalas.

❶ Es caprichoso el azar: ayer salí de trabajar más tarde de lo normal. Era viernes, parecía que iba a llover, y el tráfico de Madrid se pone insoportable los viernes que anuncian lluvia. No vivo muy lejos del trabajo y pensé que no quería coger el autobús. A pesar del cielo gris, decidí pasear hasta mi casa.

❷ Es caprichoso el azar: el semáforo se puso en rojo y el autobús tuvo que frenar. Me enfadé con el semáforo, con el autobús, con los atascos y con Madrid, y con cara de fastidio miré a la calle.

❸ Es caprichoso el azar: enfrente de mí, en la calle, había una mujer con unos ojos grandes, azules como el mar.

❹ Es caprichoso el azar porque él también me miraba y sin perderme de vista, se bajó y se acercó.

Continúa ▶

Unidad 2

5 Es caprichoso el azar: ayer salí de trabajar como siempre, a la hora de todos los días, pero no sé por qué decidí cambiar el metro por el autobús.

6 Es caprichoso el azar porque ella también me miraba y sin moverse esperó; esperó al semáforo en verde, esperó a que yo bajara del autobús y me acercara a ella. Es caprichoso el azar porque los dos al tiempo nos dijimos: *¿Tomamos un café? Parece que va a llover.*

7 Es caprichoso el azar porque en el autobús, preparado para bajar, vi a un hombre, con unos ojos grandes, azules como el mar.

8 Es caprichoso el azar; una vez en el autobús me arrepentí de esa decisión: era viernes, el cielo estaba gris, a punto de llover, y el tráfico estaba mucho peor de lo mal que ya está normalmente. Así es que me preparé para bajar en la siguiente parada y me acerqué hasta la puerta. No iba a ningún sitio especial, solamente volvía a casa, pero yo tenía prisa y quería bajar de ese autobús.

9 Es caprichoso el azar porque no tenía prisa y no corrí hacia el semáforo cuando se puso verde para mí. Un autobús paró de golpe, en el semáforo en rojo para él, a tres metros de su parada. El ruido del frenazo me asustó y miré.

10 Es caprichoso el azar porque los dos al tiempo nos dijimos: *¿Tomamos un café? Parece que va a llover.*

Párrafos ordenados del diario de Ángel: ....

Párrafos ordenados del diario de Ángela: ....

1.3.5. ¿Azar o destino? ¿Qué piensas? Coméntalo con la clase.

1.4. [5] Vamos a escuchar otras historias. Lee las frases que tienes debajo, escucha cómo se conocieron las tres parejas y clasifica cada frase junto a sus protagonistas.

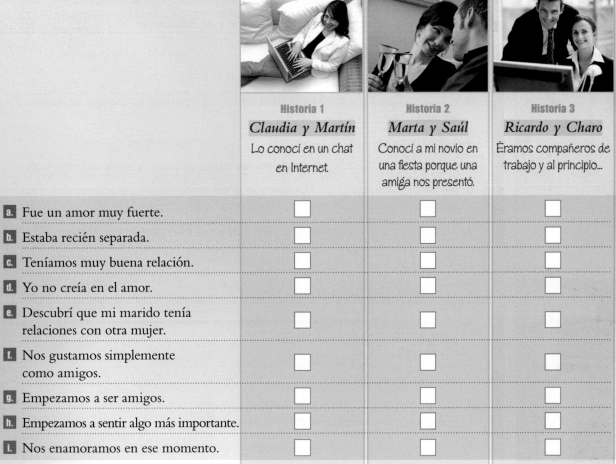

	Historia 1 *Claudia y Martín* Lo conocí en un chat en Internet.	Historia 2 *Marta y Saúl* Conocí a mi novio en una fiesta porque una amiga nos presentó.	Historia 3 *Ricardo y Charo* Éramos compañeros de trabajo y al principio...
a. Fue un amor muy fuerte.	☐	☐	☐
b. Estaba recién separada.	☐	☐	☐
c. Teníamos muy buena relación.	☐	☐	☐
d. Yo no creía en el amor.	☐	☐	☐
e. Descubrí que mi marido tenía relaciones con otra mujer.	☐	☐	☐
f. Nos gustamos simplemente como amigos.	☐	☐	☐
g. Empezamos a ser amigos.	☐	☐	☐
h. Empezamos a sentir algo más importante.	☐	☐	☐
i. Nos enamoramos en ese momento.	☐	☐	☐

I.4.I. Lee la segunda parte de las historias anteriores. Fíjate en las partes resaltadas y relaciónalas con las frases de 1.4. Escribe la letra correspondiente en los espacios en blanco de los textos.

① Historia de Claudia (segunda parte).

Y un día hubo una quedada y fui. Y allí conocí a Chimo que era el seudónimo que utilizaba Martín en el chat y empezamos a hablar y nos gustamos, pero yo tenía miedo: venía de una **ruptura sentimental** ☐, mi marido **me había sido infiel** ☐… Yo estaba mal, había tenido un **desengaño amoroso** ☐. Y no quise volver a verlo. Pero…

② Historia de Marta (segunda parte).

Fue como un flechazo, **amor a primera vista** ☐, y **nos enamoramos locamente, perdimos la cabeza** el uno por el otro ☐. Y desde entonces no nos hemos separado.

③ Historia de Ricardo (segunda parte).

Nos caímos muy bien ☐, **nos hicimos muy amigos** ☐, **nos llevábamos muy bien** ☐ pero nada más. Y después de casi dos años con esta situación, resulta que un día que estábamos en la fiesta de Navidad de la empresa, pues no sé qué pasó… Nos dimos cuenta de que **sentíamos algo especial** ☐ el uno por el otro. No sé quién empezó a hablar, pero fue mágico.

I.4.2. Lee las siguientes definiciones y completa las partes que faltan con las expresiones anteriores.

> **Vocabulario relacionado con el amor y el desamor**
>
> 1. Sufrir/tener una ....: separarse de la pareja.
> 2. Ser ....: engañar a la pareja.
> 3. .... a primera vista: enamorarse el mismo día que se conoce a alguien.
> 4. Sufrir/tener un ....: fracasar en el amor.
> 5. .... por alguien: ser capaz de hacer alguna locura por amor.
> 6. Ser un ....: amor que se siente de una manera repentina o no prevista.
> 7. .... locamente: sentir un amor muy grande por alguien.

> **Vocabulario relacionado con las relaciones personales**
>
> 1. .... muy amigos: expresa la evolución de una relación más superficial a otra más de amistad.
> 2. .... bien/mal/estupendamente/fenomenal a alguien: gustarte cómo es otra persona.
> 3. .... bien/mal/estupendamente/fenomenal con alguien: tener buenas o malas relaciones con alguien.
> 4. Sentir...............................: tener un sentimiento diferente y más importante.

Fíjate en estas frases:

- *Juan me cae genial.*
- *¿Te cae bien Petra?*
- *A Luisa le caen fatal sus compañeros de trabajo.*

Ya conoces otros verbos que tienen esta forma *(gustar, molestar, doler...).*

1.4.3. **La historia de Claudia y Martín está incompleta. Las imágenes que te va a mostrar tu profesor muestran tres posibilidades, pero solo una ocurrió. ¿Cuál crees que es? Discute con tus compañeros.**

1.4.4. [6] **Escucha a Claudia contar el final de su relato y elige la imagen correcta.**

1.4.5. **¿Conoces tú alguna historia de amor? Cuéntasela a tus compañeros.**

2 La cita

2.1. **Ángela y Ángel van a quedar por primera vez, están nerviosos y quieren que todo salga bien. Estos son los consejos que han "cortado" de un foro en Internet. Para tener los textos completos, insértalos en el lugar correspondiente.**

a. Disfruta de la comida, pero no comas en exceso.

b. Ten un plan alternativo.

c. Yo no hablaría de relaciones anteriores.

d. Yo, en tu lugar, no haría demasiadas preguntas íntimas.

e. No hagas demasiados cumplidos.

Consejos para una primera cita

f. Mantén un equilibrio entre lo que hables y lo que escuches.

g. Yo, en tu lugar, llegaría cinco minutos antes.

h. Yo, en tu lugar, me ofrecería a compartir la cuenta.

i. Ten cuidado con lo que te pones. No vayas ni muy elegante ni demasiado informal.

j. No aceptes inmediatamente su invitación, pero no exageres la situación negándote.

Foro

1. A veces los planes no salen como queremos: si pensabas ir a la playa, el tiempo puede cambiar, el bar donde querías ir puede estar cerrado, el concierto puede cancelarse, etc. Por todas estas razones y, otras muchas más, *Ten un plan alternativo.*

2. Llegar tarde a una cita es una falta de respeto y la otra persona puede pensar que no tienes interés en ella.

3. Puede resultar incómodo si uno va con un traje y la otra persona lleva vaqueros.

4. Si la cita es en un restaurante, Tampoco estés todo el tiempo diciendo que la comida engorda ni contando las calorías y lo que tiene cada plato.

5. Unas palabras amables son muy agradables para todo el mundo, pero frecuentes comentarios sobre el aspecto de la otra persona, su cuerpo, su personalidad, etc., pueden resultar exagerados. Así es que

6. Hay personas a las que no les gusta hablar de temas personales en la primera cita.

7. En la primera cita es conveniente pagar la cuenta a medias. Si la otra persona insiste,

8. Piensa que es muy importante crear un buen ambiente con la conversación y esta debe consistir en prestar atención a lo que te cuenta la otra persona, pero también en contribuir con los temas. El objetivo es pasarlo bien ambos.

9. Las frases del tipo "A mi ex le encantaba esto" o "A mi anterior pareja no le gustaba…" son inadecuadas e inoportunas. Hablar de estos temas solo demuestra inseguridad y falta de respeto hacia la otra persona.

10. A la hora de pagar, Pero si la otra persona insiste en invitarte, puedes aceptarlo y ofrecerte a pagar tú otro día, así tendrás una excusa para una segunda cita.

Unidad 2

2.2. | **R.** Fíjate en las estructuras que se utilizan para dar consejos y completa este cuadro.

Dar consejos

Imperativo (positivo y negativo)	Condicional

Imperativo (positivo y negativo)

Ejemplos:

1. ....

2. ....

3. ....

Condicional

Yo
Yo que tú,   +   1.ª persona del
Yo, en tu lugar,   condicional

Ejemplos:

1. ....

2. ....

3. ....

Condicional simple

Regulares	Irregulares

Regulares

Se forma con el infinitivo del verbo y las siguientes terminaciones:

(Yo)		-ía
(Tú)		-ías
(Él/ella/usted)	hablar	-ía
(Nosotros/nosotras)	beber	-íamos
(Vosotros/vosotras)	dormir	-íais
(Ellos/ellas/ustedes)		-ían

Irregulares

Los irregulares del condicional simple son los mismos y tienen la misma forma que los del futuro imperfecto, pero con las terminaciones del condicional.

decir: **dir-**; poner: **pondr-**;
salir:...............; tener: ....;
poder: **podr-**; venir: ....;
haber: **habr-**; valer: **valdr-**;
saber: ....; querer: ....;
hacer: ....

2.2.1. Para practicar las estructuras anteriores tu profesor te va a proponer un juego.

2.3. | Hemos visto cómo nuestro comportamiento es importante para causar buena impresión. Según los especialistas en comunicación no verbal, hay gestos y posturas que transmiten más de lo que pensamos. Lee los siguientes fragmentos de un libro sobre el tema, fíjate en las palabras resaltadas y relaciónalas con su significado.

[1] Flojas, sin consistencia: ....

[2] Reducirse a menor volumen: ....

[3] Acentuado, destacado: ....

[4] Poner derecho, recto: ....

[5] Manchas de color morado alrededor de los ojos:

....

El amor a veces puede hacer bella a una persona. Los músculos se comprimen, de manera que todo el cuerpo se pone en alerta. En el rostro, líneas que antes eran flácidas dejan de serlo e, incluso, las ojeras tienden a desaparecer. La mirada brilla, la piel se colorea y el labio inferior se hace más pronunciado. La persona que generalmente no cuida su postura suele enderezarse. También puede alterarse el olor del cuerpo y algunas mujeres afirman que se modifica la textura de su cabello.

[1] Entra en un lugar violentamente o sin avisar: ....

[2] Literalmente, es un globo de aire u otro gas que se forma en el interior de algún líquido y sale a la superficie: ....

[3] Irse rápidamente: ....

[4] No seguir una ley o una norma: ....

[5] Actuar contra algo: ....

El espacio o *burbuja* interpersonal está relacionada con el margen de seguridad que necesita cada persona; de manera que si un extraño irrumpe en ella, puede provocar la necesidad de "huir" o de "atacar". Elegir las distancias adecuadas puede ser crucial:

- La distancia personal suele ser de cuarenta y cinco a setenta y cinco centímetros.
- La distancia social próxima es de un metro veinte a dos metros.
- La distancia social lejana, entre tres y cuatro metros, es la que corresponde a conversaciones formales.

En un experimento llevado a cabo en la biblioteca de una universidad se observó lo siguiente: un investigador seleccionaba a una persona rodeada de asientos vacíos y se sentaba en el de al lado. Esto violaba reglas sociales implícitas, puesto que si hay suficiente espacio libre, se espera que uno mantenga la distancia. La "víctima" generalmente reaccionaba con gestos defensivos y cambios nerviosos de postura. Pero si el investigador no solo se sentaba cerca de ella, sino que luego se aproximaba aún más, con frecuencia esta se levantaba y se iba.

Párrafos extraídos y adaptados de *La comunicación no verbal* de Flora Davis.

2.3.1. Discute con tus compañeros: ¿estás de acuerdo con lo que se dice en los textos anteriores? ¿Por qué crees que es así?

2.4. [7] Ángela está muy nerviosa. Tiene una historia parecida a la de Claudia y está escuchando la canción *Ella* de una cantante española, Bebe, en la que la protagonista también es una mujer con un desengaño amoroso, desconfianza en el amor y miedo. La letra aconseja y anima a esta mujer a romper con ese pasado. Ha seleccionado los siguientes párrafos. Escucha la canción y ordénalos.

a. Hoy vas a comprender que el miedo se puede romper con un solo portazo. ▸▸▸▸▸▸▸▸▸▸ ☐

b. Hoy te vas a querer como nadie te ha sabido querer. ▸▸▸▸▸▸▸▸▸▸ ☐

c. Hoy vas a hacer reír porque tus ojos se han cansado de ser llanto. ▸▸▸▸▸▸▸▸ ☐

d. Hoy vas a conquistar el cielo sin mirar lo alto que queda del suelo. ▸▸▸▸▸▸▸ ☐

e. Hoy sueña lo que quiere sin preocuparse por nada. ▸▸▸▸▸▸▸▸▸▸ ☐

f. Hoy vas a mirar para adelante. ▸▸▸▸▸▸▸▸▸▸ ☐

g. Hoy le gusta su sonrisa. ▸▸▸▸▸▸▸▸▸▸ ☐

h. Hoy ha calzado tacones para hacer sonar sus pasos. ▸▸▸▸▸▸▸▸▸ ☐

i. Hoy ella se ha puesto color en las pestañas. ▸▸▸▸▸▸▸▸▸ ☐

j. Hoy no has sido la mujer perfecta que esperaban. ▸▸▸▸▸▸▸▸▸ ☐

2.4.1. Para ayudar a Ángela, vamos a escribir unos pósit con consejos para que los pegue en su nevera. Puedes utilizar las ideas que transmite la canción. Trabaja con tu compañero.

1

Yo, en tu lugar, caminaría con paso seguro.

2

Yo saldría de casa sin miedo y con confianza.

3

4

5

2.5. Dividid la clase en grupos y elegid uno de los siguientes temas para hacer un cartel con consejos.

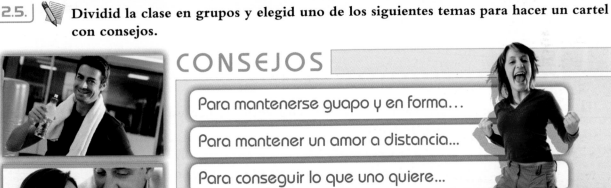

CONSEJOS

Para mantenerse guapo y en forma...

Para mantener un amor a distancia...

Para conseguir lo que uno quiere...

Para triunfar en la vida...

Para que el amor dure...

3 Diarios

3.1. Escribe una página de tu diario en el que cuentes qué has aprendido en esta unidad, qué actividades te han servido, etc.

....
....
....
....
....
....
....

Unidad 3

Páginas de noticias

○○○

Tareas:
- Elaborar un periódico.
- Participar en un programa de radio.

Contenidos funcionales:
- Redactar noticias.
- Expresar opinión.
- Valorar acontecimientos.
- Argumentar en un debate.

Contenidos lingüísticos:
- Verbos de opinión.
- Morfología del presente de subjuntivo.
- Uso del presente de indicativo/presente de subjuntivo para dar opinión.
- Recursos orales para valorar: *Me parece bien/mal/injusto… + que + presente de subjuntivo.*
- *Es evidente/cierto… + que + presente de indicativo.*

Contenidos léxicos:
- Partes de una noticia.
- Géneros radiofónicos.

Contenidos culturales:
- Las siglas.
- La radio española.

I | Siglas

1.1. En esta unidad vamos a trabajar con noticias. Lee estas definiciones de noticia y elige la que más te guste.

1. Noticia es un hecho de interés para un grupo amplio de personas, que tiene trascendencia y que se comunica.

2. Una noticia es el relato de un texto informativo que se refiere a un hecho novedoso ocurrido dentro de una comunidad y que se quiere contar a la sociedad.

3. La noticia es un relato breve y objetivo de algo que ha sucedido.

1.1.1. Explica a la clase qué definición has elegido y por qué.

1.2. Mira esta noticia y escribe el nombre de cada una de sus partes en los espacios en blanco.

> entradilla ■ pie de foto
> titular ■ cuerpo

[1] .... [3] ....

[2] .... [4] ....

Las mujeres se resisten a compartir la baja de maternidad ❶

Solo un 1,46 % de las madres repartieron el permiso de 16 ❷ semanas con su pareja en el primer trimestre del año.

Mónica Asensio compartió con el padre de su hija las 16 semanas de baja. ❹

1.2.1. **R** **Lee estas definiciones y escribe el nombre correspondiente de las partes de una noticia.**

[1] _____ : Frase que destaca lo más importante de una noticia.

[2] _____ : Pequeño resumen de la noticia con la información básica.

[3] _____ : Texto completo de la noticia que explica los acontecimientos por orden de importancia.

[4] _____ : Frase que se escribe para explicar una imagen que acompaña a la noticia.

1.3. **Vamos a leer diferentes titulares. Tu profesor te va a enseñar la portada de un periódico. En todas las noticias hay siglas. Intenta deducir con un compañero el significado de _sigla_.**

1.3.1. **Lee ahora la definición de sigla, ¿es lo que pensabas?**

> **Sigla**, _f._ Palabra formada por las primeras letras de una expresión.

1.3.2. **El profesor os va a dar los significados de esas siglas. Discute con un compañero a qué sigla corresponden.**

1.3.3. **¿Qué palabras se esconden detrás de cada sigla? Intenta escribirlo con un compañero teniendo en cuenta que:**
- en las siglas se repiten las iniciales de las palabras cuando van en plural;
- en las explicaciones que os ha dado el profesor antes hay palabras que os pueden ayudar.

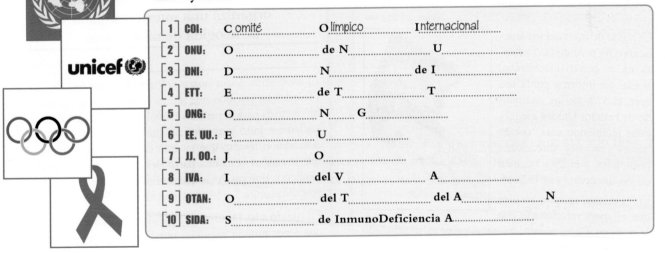

[1] **COI:** C omité _____ O límpico _____ I nternacional _____

[2] **ONU:** O _____ de N _____ U _____

[3] **DNI:** D _____ N _____ de I _____

[4] **ETT:** E _____ de T _____ T _____

[5] **ONG:** O _____ N _____ G _____

[6] **EE. UU.:** E _____ U _____

[7] **JJ. OO.:** J _____ O _____

[8] **IVA:** I _____ del V _____ A _____

[9] **OTAN:** O _____ del T _____ del A _____ N _____

[10] **SIDA:** S _____ de InmunoDeficiencia A _____

1.3.4. **¿Conoces otras siglas en español? ¿Las siglas anteriores son similares en tu lengua? Coméntalo con la clase.**

1.4. **Algunas siglas se convierten en palabras que utilizamos con frecuencia. ¿Sabes qué significa _SPAM_? ¿Conoces el origen de esta palabra? Háblalo con tu compañero.**

1.4.1. 📖 Vamos a leer dos noticias. Une cada titular con la sección del periódico a la que crees que pertenece cada una.

① **El envío de correo *spam* crece en Estados Unidos**

② **La asociación *Todos somos niños* organiza una nueva campaña de acogida de niños rusos**

- ⓐ Tecnología.
- ⓑ Sociedad.

1.4.2. 📖 Lee estas dos noticias con un compañero y buscad en el texto las palabras y expresiones que se pueden sustituir por las que hay a continuación. Entre paréntesis hay **(T)** si está en la noticia de tecnología y **(S)** si está en la de sociedad.

1. se siente defraudado con (T): *ha perdido la confianza en*

2. evitar (T): ....

3. papeles necesarios (S): ....

4. fármacos (T): ....

5. condición especial (S): ....

6. ha abierto una vez más el periodo (S): ....

7. los meses de verano (S): ....

8. aumenta (T): ....

9. que van de los (S): ....

10. imaginarias (T): ....

11. afirma (T): ....

12. organización (S): ....

El envío de correo *spam* crece en EE. UU.

Viernes, 7 de junio

La mitad de los usuarios americanos ha perdido la confianza en el correo electrónico. Según un informe publicado ayer, el 37% de los internautas de Estados Unidos asegura estar recibiendo más 'correo basura' en sus direcciones personales, y el 29% también en sus direcciones de trabajo.

En el mismo informe se dice que el *spam* relacionado con la pornografía es menor, mientras crece el relacionado con medicamentos y operaciones bancarias fantasmas.

Sin embargo los usuarios son cada vez más hábiles para detener este correo.

(Fuente: adaptado de www.20minutos.es)

La asociación *Todos somos niños* organiza una nueva campaña de acogida de niños rusos

Miércoles, 2 de agosto

La asociación *Todos somos niños* de Talavera de la Reina (Toledo) ha iniciado una nueva campaña de acogida de niños rusos para el periodo estival. Los meses de acogida suelen ser julio y agosto, aunque el representante de la Asociación apuntó que en esta campaña van a intentar que los niños vengan a partir del 20 de junio. También explicó a Europa Press que son niños, con edades comprendidas entre 7 y 17 años, que viven en casas tuteladas.

En cuanto a las familias de acogida precisa que no tienen que tener ningún requisito previo para poder acoger a un niño. Los interesados solo deben ponerse en contacto con la asociación y esta realizará todos los trámites tanto en España como en Rusia.

(Fuente: adaptado de www.lukor.com)

2 Periodistas

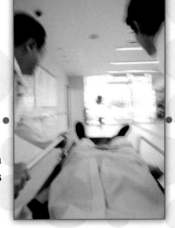

2.1. ¿Queréis ser periodistas por un día? Vamos a hacer un periódico para la clase. Ponte de acuerdo con tus compañeros para elegir un nombre para vuestro periódico.

2.1.1. Dividid la clase en parejas. El profesor os va a dar una tarjeta a cada uno con información de dos noticias relacionadas. Las dos se refieren a un acontecimiento que ocurrió anteriormente. Leedlas e intentad reconstruir de manera oral la noticia original.

2.1.2. Escribe con tu compañero la noticia anterior para vuestro periódico. Primero, pensad en el titular, luego escribid la entradilla y finalmente el cuerpo de la noticia. Cuando terminéis, elegid un texto para incluirlo en vuestro periódico.

2.2. Vamos a escribir otras noticias para nuestro periódico. Dividid la clase en parejas y seguid estas pautas:

[1] Recuerda las definiciones de 1.1. sobre noticia y piensa si vuestra historia lo es.

[2] Recuerda que una buena noticia debe responder a las *5W* (quién, dónde, cuándo, cómo, por qué).

[3] Recuerda la estructura de una noticia y no olvides incluir una entradilla.

[4] Si puedes, utiliza alguna sigla.

3 Programas de radio

3.1. Piensa en medios de comunicación a través de los que podemos informarnos: radio, periódico, televisión e Internet. Escribe con un compañero características de cada uno de ellos.

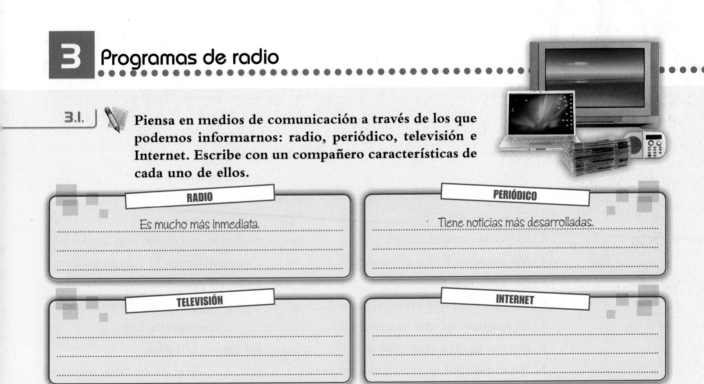

RADIO	PERIÓDICO
Es mucho más inmediata.	Tiene noticias más desarrolladas.

TELEVISIÓN	INTERNET

3.1.1. Explicad a la clase las características que habéis escrito. ¿Qué ventajas habéis encontrado para la radio?

3.2. Estos son algunos de los géneros radiofónicos, ¿sabes en qué consisten? Coméntalo con la clase.

> tertulia ■ cuña publicitaria ■ editorial ■ comentario ■ debate ■ encuestas en la calle

3.2.1. [8] Los estudios de audiencia sobre la radio demuestran que los programas más escuchados en España son los *magazines* matinales. En ellos hay un poco de todo (tertulia, comentarios, cuñas publicitarias, noticias...). Escucha el fragmento de una tertulia con cinco periodistas en el programa de radio *Celestino opina* y di si las afirmaciones son verdaderas o falsas.

	Verdadero	Falso
1. Algunos de los periodistas piensan que los ciclistas son los únicos responsables del dopaje.	☐	☐
2. A un periodista le parece que los ciclistas no saben bien lo que toman para tener más energía.	☐	☐
3. A una periodista no le parece bien que los equipos deportivos pongan en peligro la salud de sus ciclistas.	☐	☐
4. Un periodista piensa que los avances tecnológicos son positivos.	☐	☐
5. A todos les parece bien el nuevo DNI electrónico.	☐	☐
6. Una periodista no está de acuerdo con que se incluya información médica en el DNI.	☐	☐
7. Los periodistas piensan que es obvio que el nuevo DNI no va a dar más libertad.	☐	☐

3.2.2. [8] Vuelve a escuchar la tertulia y completa estas frases.

[1] **Me parece realmente vergonzoso que** se _____ esas barbaridades.

[2] **Creo que** el médico _____ gran culpa.

[3] **Es verdad que** el ciclista _____ que el médico le está dando esas sustancias.

[4] **Me parece que** los ciclistas _____ plenamente en el equipo médico.

[5] **No creo que** ellos _____ que son sustancias prohibidas.

[6] **No está bien que** los equipos _____ en peligro la salud de sus ciclistas.

[7] **Es asombroso que** la tecnología _____ tan rápidamente.

[8] **No me parece bien que** se _____ los datos sanitarios.

[9] **No es normal que** cualquier persona _____ leer mi historial médico.

3.2.3. 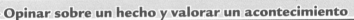 **Observa las frases en negrita de 3.2.2.; sirven para opinar sobre un hecho y valorar un acontecimiento. Completa con esas frases el siguiente cuadro.**

Opinar sobre un hecho y valorar un acontecimiento

Indicativo	Subjuntivo

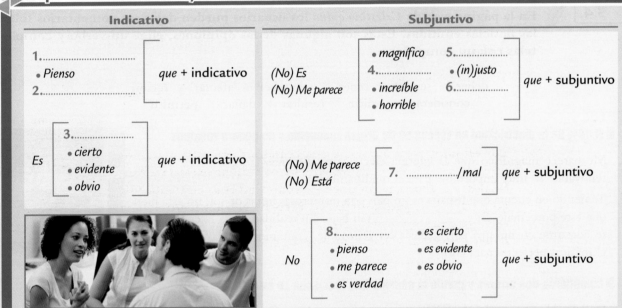

Indicativo

1. ....
- Pienso
2. ....
que + indicativo

Es
3. ....
- cierto
- evidente
- obvio
que + indicativo

Subjuntivo

(No) Es
(No) Me parece
- magnífico
- increíble
- horrible
4. ....
5. ....
- (in)justo
6. ....
que + subjuntivo

(No) Me parece
(No) Está
7. ..../ mal *que + subjuntivo*

No
8. ....
- pienso
- me parece
- es verdad
- es cierto
- es evidente
- es obvio
que + subjuntivo

Fíjate:

- Los adverbios *bien* y *mal* van con el verbo *estar* y no *ser*:
  Está bien que el DNI electrónico permita hacer muchas cosas desde Internet.

- Las frases de opinión en negativo van con subjuntivo:
  No creo que le guste a mucha gente.

3.2.4. 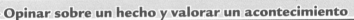 **El presente de subjuntivo se forma a partir de la primera persona del singular (*yo*) del presente de indicativo. Observa e intenta completar con un compañero este esquema.**

Presente de subjuntivo

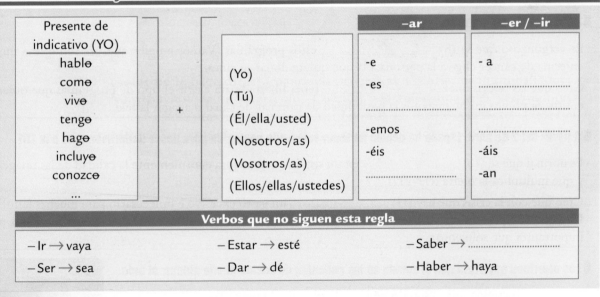

Presente de indicativo (YO)			−ar	−er / −ir
hablo		(Yo)	-e	- a
como		(Tú)	-es	....
vivo		(Él/ella/usted)	....	....
tengo	+	(Nosotros/as)	-emos	....
hago		(Vosotros/as)	-éis	-áis
incluyo		(Ellos/ellas/ustedes)	....	-an
conozco				
...				

Verbos que no siguen esta regla

- Ir → vaya
- Ser → sea
- Estar → esté
- Dar → dé
- Saber → ....
- Haber → haya

Fíjate:

En general, los cambios vocálicos del presente de indicativo también se hacen en el presente de subjuntivo:
- Querer → quiero → quiera
- Volver → vuelvo → vuelva

3.3. Dividid la clase en grupos de tres. El profesor os va a dar unas tarjetas para practicar el presente de subjuntivo.

3.4. En la página web de *Celestino opina* los usuarios pueden dejar sus comentarios sobre las noticias emitidas. Estas son algunas de las opiniones, elige un verbo y complétalas con un compañero.

> deber ■ ser (3) ■ tener ■ mantener ■ afectar ■ recibir
> considerar ■ emitir ■ resultar ■ dañar ■ permitir

■ **El 40% de la electricidad en España es de origen renovable y no genera residuos.**

Me parece magnífico que la energía eléctrica en España (1) .... renovable. Es muy importante para el medioambiente.

Teniendo en cuenta que España es un país con numerosas horas de sol, no está bien que este porcentaje (2) .... tan bajo. En realidad, toda la energía que se consume en nuestro país debería ser renovable, contamos con las condiciones climáticas perfectas para ello.

■ **Cometieron dos errores y perdió la pensión que le pasaba su ex marido.**

Es increíble que en el siglo XXI una mujer divorciada no (3) .... la pensión de su ex marido porque ahora tenga una relación estable con otro hombre.

A mí me parece injusto que el hombre (4) .... que pagar todo: la casa, dar una pensión… Me parece bien que (5) .... a los hijos, pero a la mujer… La sentencia del juez me parece justa.

■ **Un hombre ha sido detenido en el Reino Unido por usar sin permiso la red inalámbrica de conexión a Internet (Wi-Fi) de un vecino.**

Me parece increíble que en España no se (6) .... todavía delito conectarse a la red del vecino. El Reino Unido es un ejemplo a seguir.

Creo que detener a un hombre por conectarse a la red del vecino (7) .... excesivo. Entonces, ¿por qué no se detiene a todos los que hacen copias ilegales de discos, libros, etc.?

■ **Un *reality show* para donar un riñón.**

Es vergonzoso que se (8) .... estos programas. Vamos a tener que ver cómo una mujer enferma de cáncer elige a la persona a la que quiere donar su riñón.

Creo que las televisiones (9) .... tener libertad para elegir el tipo de programas que quieren emitir. Si no nos gusta, tenemos la posibilidad de cambiar de canal o apagar la tele.

■ **A partir del 2 de abril, España ha dejado de tener televisión analógica para pasar definitivamente a la TDT.**

Es normal que se (10) .... en un sistema que mejora enormemente la calidad de las imágenes y que multiplica la oferta televisiva.

Creo que con la crisis que hay (11) .... un gasto excesivo e innecesario para muchas familias. Hay que comprar un nuevo televisor o comprar un TDT. En este momento el país tiene otras cosas más importantes que solucionar.

■ **Los otorrinos advierten que el sonido en las películas de acción puede afectar al oído.**

Me parece increíble que el sonido de las películas en el cine (12) .... al oído, pero si lo dicen los especialistas será verdad.

No creo que ver una película en el cine (13) .... el oído. ¿Entonces qué pasaría en una discoteca?

3.5. Responde mentalmente a estas preguntas sobre debates. Cuando termines, compara con tu compañero.

- ¿Te interesan los debates?
- ¿Qué temas te interesan más: política, sociedad, reality show, deportes...?
- ¿Te gustan más los debates en la televisión o en la radio?
- ¿Opinas en voz alta cuando ves o escuchas un debate?
- ¿En tu país la gente grita en los debates aunque no esté enfadada? ¿Habla más de una persona al mismo tiempo?
- ¿Has participado alguna vez en un debate?

3.5.1. Aquí tienes algunas recomendaciones para debatir. Toma nota de cuáles se refieren a la preparación del debate y cuáles a su realización.

1. Sé breve y claro al expresar tu opinión.

2. Elige un tema polémico de interés general.

3. Elige el grupo en el que quieres participar: a favor o en contra.

4. Escucha a los otros y sé tolerante con sus opiniones, pero si quieres hablar, tienes que interrumpir. En España rara vez te van a ceder el turno de palabra.

5. Habla con seguridad y expresa claramente tu punto de vista.

6. Argumenta tus críticas, haz otras propuestas.

7. Infórmate bien sobre el tema de debate.

8. Prepara el material necesario y tus argumentos a favor o en contra.

9. Escucha con atención para poder dar la respuesta adecuada.

10. Deja intervenir a los demás y evita los gritos para interrumpir.

| Para preparar un debate ▶ | 2, |
| Para realizar un debate ▶ | |

3.5.2. Acabas de ver que en la realización de un debate hay que escuchar y hacerse escuchar. Recuerda algunas expresiones que puedes utilizar en un debate para expresar y argumentar tus ideas. Clasifícalas según su función.

	Mostrar acuerdo con una opinión	Mostrar desacuerdo con una opinión	Reaccionar mostrando acuerdo parcial	Pedir o mantener el turno de palabra
1. Bueno, depende, la verdad es que...	☐	☐	☐	☐
2. Estoy (totalmente) de acuerdo contigo.	☐	☐	☐	☐
3. Yo creo que no/sí, pero...	☐	☐	☐	☐
4. Me gustaría decir algo.	☐	☐	☐	☐
5. Sí, es verdad, tienes razón.	☐	☐	☐	☐
6. Escúchame un momento.	☐	☐	☐	☐
7. (Pues) yo no lo veo así.	☐	☐	☐	☐
8. Perdona, pero déjame terminar.	☐	☐	☐	☐

3.6. 🔊 [9] Vamos a participar en un programa de radio. La noticia principal sobre la que vamos a debatir es:

Es un tema polémico que ha generado diferentes opiniones. En nuestro programa están haciendo una encuesta en la calle. Escucha las opiniones de algunas personas a las que han preguntado y escribe si están a favor o en contra.

Una nueva ley permite que un juez de la Audiencia Nacional cierre páginas web que hagan descargas ilegales

¿A favor o en contra?	Argumento

3.6.1. 🔊 [9] Vuelve a escuchar y escribe en el cuadro anterior los argumentos que aporta cada persona.

3.6.2. ✏️ Para escribir el guión del programa, dividid la clase en:

Grupo 1: prepara un debate con argumentos a favor y en contra de esta ley.

Grupo 2: escribe más entrevistas para la encuesta de nuestro programa.

Presentador (un alumno): conducirá el programa y hará de moderador, piensa en la estructura del programa.

3.6.3. 🗣️ ¡Estamos en el aire! Es hora de empezar. El presentador o presentadora toma la palabra y escenificamos el programa.

Buenos días, queridos oyentes...

4 Páginas

4.1. ✏️ Repasa la unidad y escribe titulares y entradillas con todo aquello que quieras recordar.

Unidad 3

Unidad 4

Apuntes de música

Tareas:
- Conocer los gustos musicales de los compañeros de la clase.
- Recordar canciones importantes en nuestras vidas.
- Hacer un manifiesto para un día feliz.
- Compartir deseos y reivindicaciones.

Contenidos funcionales:
- Expresar gustos y sentimientos.
- Expresar deseos y hacer reivindicaciones.

Contenidos lingüísticos:
- Verbos intransitivos para expresar gustos y sentimientos.
- Uso del presente de subjuntivo para expresar deseos.
- Expresiones para enfatizar el deseo y las opiniones: *A ver si es verdad*, *En serio*, *De una vez*, *De verdad*, *Sin más*, *Claro que quiero*.
- Recursos paralingüísticos para expresar deseos.

Contenidos léxicos:
- Instrumentos y géneros musicales.
- Léxico relacionado con los deseos y las reivindicaciones.

Contenidos culturales:
- Géneros musicales.
- El pintor Juan Gris.
- Canciones y grupos españoles.
- La piratería de la propiedad intelectual.

I Música y arte

I.1. Mira el siguiente de cuadro del pintor español Juan Gris. ¿Qué dos instrumentos musicales hay? Identifícalos y tendrás el título del cuadro. Trabaja con tu compañero.

I.2. ¿Te gusta la música? Lee las siguientes cuestiones y comenta las respuestas con tu compañero.

¿Te gusta la música?

¿Qué estilos musicales escuchas: clásica, jazz, flamenco, ópera, pop, rock...? ¿Cuáles te gustan más?

Nombres de grupos preferidos. ¿Por qué?

¿Tocas algún instrumento musical? ¿Cuál/es: guitarra, piano, violín, flauta, batería, bajo, teclado...?

¿Te gusta cantar, bailar?

Di el título de una canción que te guste especialmente. ¿Por qué? Resume la letra.

Intenta explicar qué es para ti la música.

.... de
Juan Gris (Madrid, 1887-1927)

I.3. Mira las palabras relacionadas con la música que te va a mostrar tu profesor. ¿Sabes qué significan?

1.3.1. Explica a tus compañeros el significado de las palabras que has seleccionado y que ellos no conocen.

1.4. ¿Tienes canciones que relacionas con momentos de tu vida? Coméntalo con tus compañeros.

1.4.1. Escucha a estas personas qué canciones asocian con algunos momentos de su vida y relaciónalos con el título de la canción.

- ① Juanjo •
- ② Elena •
- ③ Alberto •
- ④ Sonia •
- ⑤ Félix •
- ⑥ Sara •

- • ⓐ *Tangos de Pepico*
- • ⓑ *Luna de día*
- • ⓒ *Querida Milagros*
- • ⓓ *Bienvenidos*
- • ⓔ *Ojos verdes*
- • ⓕ *Maneras de vivir*

1.4.2. Lee algunas de las estrofas de las canciones anteriores, que te va a dar tu profesor, fíjate en la palabra resaltada y relaciónala con su significado.

1.4.3. Piensa en una canción, cantante o grupo musical que asocies con las siguientes situaciones y escribe el título o el nombre.

- ■ Una fiesta, un concierto...: ➡...
- ■ Un/a novio/a, una pareja, un/a enamorado/a: ➡...
- ■ Un viaje, unas vacaciones...: ➡...
- ■ Tu/una boda: ➡...
- ■ Un/a amigo/a: ➡...
- ■ Tu época en la universidad, escuela, instituto...: ➡...
- ■ Una persona de tu familia: ➡...

1.4.4. Cuéntale a tu compañero lo que has escrito en la actividad anterior. Explícale por qué y resúmele la letra de la canción. Escúchale a él: ¿coincidís en alguna canción, grupo? ¿Tenéis historias similares?

Recuerda
- • Recuerda usar correctamente los siguientes verbos: *gustar, encantar, molestar, dar vergüenza...*

1.4.5. ¿Hay alguna canción, cantante o grupo musical que odies? Cuéntaselo a la clase.

2 Música y deseos

2.1. Mira las siguientes imágenes, ¿sabes qué son?

2.2. Lee el siguiente texto sobre los grafitis y coloca los párrafos, ordenados, en la pregunta correspondiente.

a. Qué significa "grafiti"? : ⟶ Párrafos n.º .... y n.º ....

b. ¿Cuál es el origen del grafiti?: ⟶ Párrafos n.º .... y n.º ....

1. Letrero o dibujo, generalmente agresivo y de protesta, trazado sobre una pared u otra superficie resistente.

2. La historia moderna del grafiti se remonta a finales de los años 60. Empezó en Estados Unidos, influido por la música hip hop. Los primeros artistas de grafiti se dedicaban a firmar, y vivían y pintaban en Nueva York.

3. Según el diccionario tiene dos significados: Escrito o dibujo hecho a mano por los antiguos en los monumentos.

4. Todo empezó cuando el hombre prehistórico, para protegerse del frío y de las fieras, se refugió en las cavernas. Estas fueron sus primeras paredes y pintaba en ellas el mundo que conocía.

2.3. Las siguientes frases pertenecen a grafitis reivindicativos o de protesta. Elige 10 para hacer la letra de una canción de hip hop. Trabaja con tu compañero.

1. Quiero vivir en un mundo sin pobreza.

2. Espero que el color de la piel solo se vea como una bonita nota de color.

3. Quiero que mis hijos puedan ver el azul del mar. Un mar sin contaminación.

4. Ojalá las personas podamos mezclarnos: no importa la nacionalidad ni el color.

Continúa ▶

5. Espero que algún día sepamos utilizar la energía.

6. Ojalá que los países ricos ayuden a los países pobres, de verdad.

7. Espero que algún día los niños no tengan que trabajar, solo jugar.

8. Quiero que la muerte de mujeres a manos de sus parejas deje de ser noticia de portada.

9. Espero que los políticos trabajen por un mundo mejor.

10. Deseo que mis hijos crezcan en un mundo sin violencia ni delincuencia.

11. Quiero que se entienda que los empleados no son solo máquinas de producción.

12. Espero que se deje de matar por ideas o religión.

13. No quiero que el dinero sea la causa de una guerra.

14. Quiero ser un ciudadano cívico y solidario.

2.3.1. **R** **Vuelve a leer las frases anteriores y completa el siguiente cuadro.**

> ### Expresar deseos en el presente o en el futuro

Querer
Esperar   + verbo en ....: si el sujeto del primer verbo y el del segundo es el mismo.
Desear

    1. *(Yo) Quiero (yo) vivir en un mundo mejor.*

    2. *(Yo) Quiero (yo) ser un ciudadano cívico y solidario.*

Querer que
Esperar que
Desear que   + verbo en ....: si el sujeto de los dos verbos es diferente.
Ojalá (que)

    1. *(Yo) Deseo que mis hijos crezcan en un mundo sin violencia, ni delincuencia.*

    2. *(Yo) Espero que algún día (nosotros) sepamos utilizar la energía.*

    3. ....

    4. ....

- *Ojalá* no es un verbo, es una partícula de deseo y siempre va seguida de presente de subjuntivo. Puede ir o no acompañada de *que*:

  Ojalá que los países ricos ayuden a los países pobres.
  Ojalá las personas podamos mezclarnos: no importa la nacionalidad ni el color.

2.4. 📖 **Lee las siguientes noticias sobre temas que preocupan a los españoles y explica con tus palabras el significado de las siguientes expresiones.**

[1] campaña de concienciación   [4] violencia de género   [7] denunciar

[2] mileuristas   [5] vivienda   [8] depresión

[3] jugar electoralmente   [6] burocracia   [9] clave de la felicidad

1. Acceso a la primera vivienda

Los jóvenes españoles piensan que comprar una casa es imposible. "Ojalá esto cambie pronto", dice uno de los jóvenes sin vivienda.

2. Mileuristas

Muchos españoles no cobran más de 1000 euros al mes y con la crisis actual se espera que el desempleo aumente.

3. Violencia de género

Las mujeres españolas quieren que la ley sobre violencia las proteja más. En lo que llevamos de año, tres mujeres más que el año pasado han sido asesinadas por sus parejas.

4. Ley antiterrorista

El Partido Popular y el Partido Socialista vuelven a discutir sobre la ley antiterrorista. Los familiares de las víctimas desean que no se juegue electoralmente con sus sentimientos.

5. Conciencia medioambiental

Solo el 20% de los madrileños recicla la basura. El ayuntamiento ha iniciado una campaña de concienciación, quiere que los ciudadanos sean más ecológicos.

6. Inmigración

Entrar legalmente en España como inmigrante es muy difícil debido a la burocracia. Las asociaciones de inmigrantes desean que se dé una solución a los más de 500 africanos retenidos en la frontera.

7. La clave de la felicidad

En la última encuesta elaborada por el CIS sobre vida y felicidad se les preguntó a los españoles cuál era la clave de la felicidad. El amor fue la opción más elegida. Ojalá todos lo encontremos.

8. Depresión y vida moderna

El tipo de vida de la sociedad actual aumenta los casos de depresiones. La Organización Mundial de la Salud aconseja buscar ayuda ante los primeros síntomas y espera que esto pueda servir para modificar su ritmo de vida.

9. Niños soldados

Miles de niños de países pobres tienen que ir a la guerra. Las ONG denuncian la pasividad de los gobiernos ante este hecho. Desean que la comunidad internacional ofrezca respuestas a este problema.

2.4.1. Escribe en los espacios en blanco tus deseos sobre las noticias anteriores. Utiliza los verbos que tienes en el cuadro.

| concienciarse ▪ intervenir ▪ cambiar ▪ acoger ▪ ponerse de acuerdo |
| encontrar ▪ proteger ▪ bajar ▪ aumentar |

[1] Noticia 1: *Espero que* ....Espero que el gobierno facilite el acceso a la primera vivienda a los jóvenes con menos ingresos....

[2] Noticia 2: *Ojalá (que)* ....

[3] Noticia 3: *Quiero que* ....

[4] Noticia 4: *Ojalá (que)* ....

[5] Noticia 5: *Espero que* ....

[6] Noticia 6: *Ojalá (que)* ....

[7] Noticia 7: *Quiero que* ....

[8] Noticia 8: *Espero que* ....

[9] Noticia 9: *Ojalá (que)* ....

2.4.2. Escucha la entrevista a Catalina y escribe al lado de cada titular el orden en el que le preguntan a la cantante.

a. Acceso a la primera vivienda »»»»»»»» ☐

b. Mileuristas »»»»»»»»»»»»»»»»» ☐

c. Violencia de género »»»»»»»»»»» ☐

d. Ley antiterrorista »»»»»»»»»»»»» ☐

e. Conciencia medioambiental »»»»»» ☐

f. Inmigración »»»»»»»»»»»»»»»»» ☐

g. La clave de la felicidad »»»»»»»»»» ☐

h. Depresión y vida moderna »»»»»»» ☐

i. Niños soldados »»»»»»»»»»»»»» ☐

2.4.3. Vuelve a escuchar la entrevista y compara los deseos de Catalina con los tuyos. ¿Coinciden?

2.4.4. Compara ahora tus deseos y los de Catalina con los de tus compañeros. Explícales por qué has escrito eso y cuál es tu opinión sobre los temas de las noticias.

2.5. **R** En las opiniones y deseos de Catalina, aparecen unas expresiones que enfatizan el deseo y que, en algunos casos, lo convierten en una petición o exigencia. Mira la transcripción de la entrevista, que te va a dar tu profesor, y completa los espacios en blanco con las palabras a las que se refiere la explicación.

> **Expresiones para enfatizar los deseos**

- ....: enfatiza el deseo de que algo ocurra, pero no estás seguro de que vaya a suceder.

- ..../de verdad/..................: son tres expresiones similares. Se usan para dejar claro que tu deseo es muy fuerte.

- *De una vez/* ....: estas dos expresiones muestran que tienes ese deseo desde hace tiempo.

- ....: quiere decir que tu deseo no debería discutirse porque trata de un tema muy serio.

- ....: se utiliza para dejar claro que ese es tu deseo y que no podría ser de otra manera.

- También se puede usar una entonación especial, dando más fuerza a la expresión de deseo.

2.6.  **En la unidad anterior hablamos sobre la piratería intelectual. Ahora vamos a ver la opinión de algunos artistas españoles sobre el tema. Lee las siguientes afirmaciones y di si estás de acuerdo con ellas. Coméntalo con tus compañeros.**

[1] Lo que está en Internet es gratis.

[2] Bajarse música o películas de Internet es legal.

[3] Si no aparece el símbolo © en un contenido en Internet lo puedo utilizar.

[4] Es legal copiar o utilizar un contenido de Internet siempre que se cite al autor.

[5] La industria cultural y los artistas ya ganan suficiente, así que no perjudico a nadie si no pago.

[6] Las descargas ilegales promocionan a los artistas y a los autores, que ven difundidos sus trabajos y se dan a conocer sin necesidad de la industria.

2.6.1. **Estas frases forman parte de *Las 10 mentiras más difundidas sobre la propiedad intelectual* dentro de una campaña del Ministerio de Cultura en contra la piratería cultural. Identifica qué texto corresponde con cada una de las frases de 2.6. ¿Estás de acuerdo con la argumentación del Ministerio de Cultura?**

a. ¡Falso! Debemos mencionar la fuente y el autor cuando utilizamos una cita en un trabajo de investigación o en un artículo. En estos casos, el fragmento tiene que ser corto. Y si no estamos citando, sino utilizando una obra, debemos obtener una autorización del titular. »» ☐

b. ¡Falso! Detrás de los autores y los artistas hay una industria que les da trabajo, los da a conocer e invierte en ellos. E incluso, para organizar conciertos, también es necesaria la industria, permitiendo que los autores y los artistas se profesionalicen y consoliden. »» ☐

c. ¡Falso! Los autores, los artistas y las industrias de contenidos de propiedad intelectual tienen el derecho legítimo a ganar dinero, triunfar y tener una carrera exitosa, como ocurre en cualquier sector profesional. »»»»»»»»»»»»»»»»»»»»»»»»»»» ☐

d. ¡Falso! La música, el cine, las imágenes, los textos, los videojuegos que están en Internet han sido creados por personas. Es a ellas a las que corresponde disponer si su utilización es libre y gratuita o, por el contrario, poner un precio a su uso. »»»»»»»»»»»»»»» ☐

e. ¡Falso! La ausencia del símbolo no indica que el contenido es de utilización libre. Para que así sea, el titular lo ha tenido que hacer constar expresamente. »»»»»»»»»»»»»»»»» ☐

f. ¡Falso! Cuando los dueños de contenidos autorizan la descarga gratuita, sí es legal. Si la descarga no está autorizada por los titulares de los derechos, tiene lugar una infracción de la propiedad intelectual. En consecuencia, los dueños de esos contenidos pueden denunciar y recibir una indemnización. »»»»»»»»»»»»»»»»»»»»»»»»»»»»» ☐

(Adaptado de http://www.siereslegalereslegal.com)

2.6.2. La siguiente información sobre la caída de la venta de música ha provocado una división entre los artistas que están a favor de la piratería y los que están en contra. Lee las manifestaciones de estos, marca la opción correcta y completa el verbo en el tiempo adecuado.

Vender música grabada definitivamente no es un buen negocio. En 2009 los ingresos de este sector en España cayeron un 17% respecto a 2008, según datos presentados ayer en Londres por la Federación Internacional de la Industria Discográfica (IFPI, en sus siglas inglesas). La caída de ventas acumulada desde 2001 es del 71,46%. Los directivos de grandes discográficas culpan a la piratería y a la pasividad para combatirla. Los artistas se manifiestan a favor y en contra de la piratería.

		A favor	En contra
1.	"La música es trabajo, quiero que me .... (pagar) por ello".	☐	☐
2.	"Espero que el gobierno .... (tomar) conciencia del problema porque si no, la cultura se muere".	☐	☐
3.	"Quiero .... (vivir) de los derechos de mis canciones".	☐	☐
4.	"Yo quiero .... (hacer) conciertos y ojalá .... (ganar) millonadas con ellos. Creo que si la gente conoce mis canciones, pues vendrá a mis conciertos".	☐	☐
5.	"Espero que .... (perseguirse) a la gente de las redes p2p".	☐	☐
6.	"Ojalá se .... (acabar) con la piratería. No debemos hacerle esto a la música".	☐	☐
7.	"Espero que la piratería .... (destruir) el poder de las discográficas".	☐	☐
8.	"Debemos adaptarnos a los nuevos tiempos. Está claro que ahora hay que vivir de los conciertos, no de los discos. Ojalá esto .... (servir) para crear y promocionar lugares de música en directo".	☐	☐
9.	"Deseo que .... (entender, ellos) que gracias a la piratería, mis discos se han escuchado fuera de España".	☐	☐

2.7. *Hoy puede ser un gran día* es el título de una canción de Joan Manuel Serrat. ¿Qué mensajes transmiten sus estrofas? Lee algunas de ellas y clasifícalas en la explicación correspondiente.

[1] Hoy puede ser un gran día,
plantéatelo así,
aprovecharlo o que pase de largo,
depende en parte de ti.

[2] No consientas que se esfume,
asómate y consume
la vida a granel.

[3] Hoy puede ser un gran día.
Duro con él...

[4] Hoy puede ser un gran día
donde todo está por descubrir
si lo empleas como el último
que te toca vivir.

[5] Hoy puede ser un gran día
imposible de recuperar.
Un ejemplar único,
no lo dejes escapar.

[6] Hoy puede ser un gran día.
Y mañana también.

(Texto adaptado de la canción de Joan Manuel Serrat)

[a] No dejes que pase el tiempo sin hacer nada que te guste: .... y ....

[b] Cada día puede ser diferente a los demás: .... y ....

[c] Vive el día de hoy como si fuera el último de tu vida: ....

[d] Ten confianza: si quieres, puede ser un gran día: ....

2.7.1. ¿Qué necesitas tú para que un día sea bueno? Escribe cinco deseos en un papel y recórtalos. Después, pégalos por las paredes de la clase.

2.7.2. Levántate y lee los deseos que han escrito tus compañeros. Entre todos debéis poneros de acuerdo y elegir 8 para hacer el "Manifiesto de la clase para un día feliz".

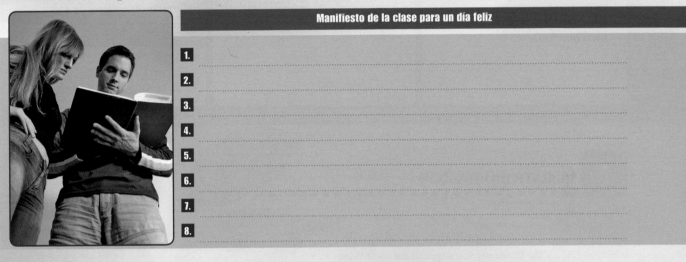

Manifiesto de la clase para un día feliz
1.
2.
3.
4.
5.
6.
7.
8.

2.8. Habla con tu compañero y elabora una lista de temas sobre los que os gustaría hablar.

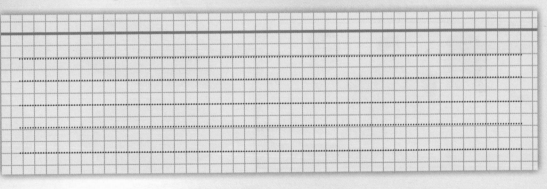

2.8.1. Elige una profesión artística para adoptar una personalidad distinta a la tuya y cuéntale a la clase tus opiniones, deseos, reivindicaciones, etc. sobre los temas anteriores, teniendo en cuenta la personalidad que has elegido.

3 Apuntes

3.1. Escribe una página con tus apuntes sobre lo que has aprendido en esta unidad, qué actividades te han servido, etc.

Unidad 5

Anuncios de trabajo

○○

Tareas:
- Realizar el currículum vítae.
- Preparar una entrevista de trabajo.

Contenidos funcionales:
- Describir puestos de trabajo.
- Hacer suposiciones.
- Interpretar anuncios.
- Analizar una carta de presentación.

Contenidos lingüísticos:
- Futuro imperfecto.
- Futuro perfecto.
- Expresiones de probabilidad.
- Expresiones de cartas formales.

Contenidos léxicos:
- Léxico relacionado con el mundo laboral.
- Léxico específico de los anuncios de trabajo.

Contenidos culturales:
- El currículum vítae.
- Carta de presentación.

I El currículum vítae

I.1. ¿Tienes experiencia en búsqueda de trabajo? Completa estas frases con tu propia experiencia y escribe dos más para tu compañero.

- Tengo experiencia en...
- Lo mejor y lo peor de mi trabajo es...
- Lo más difícil de buscar trabajo es...
- Mi currículum vítae no ha cambiado desde...
- Para buscar trabajo lo mejor es...
- Un asesor laboral te ayuda a...

I.1.1. Intercambia la información que has escrito con un compañero y plantéale las dos cuestiones que has añadido.

–Yo tengo experiencia en hostelería, he trabajado en...

I.2. Una ayuda para buscar trabajo puede ser consultar a un asesor laboral. Él te dirá cómo hacer un buen currículo que pueda llamar la atención de quien lo lea y conseguir así una entrevista. Vamos a conocer tres casos de personas en búsqueda de trabajo. ¿Con quién te identificas más?

A José Pérez, joven recién licenciado sin experiencia.

B Manuel López, hombre mayor de 40 años.

C María García, joven licenciada con experiencia.

40
[cuarenta]

Unidad 5

I.2.I. 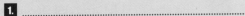 **José Pérez acaba de licenciarse en empresariales y busca trabajo en el departamento de administración de una empresa. Este es su currículo, elige el título adecuado para cada apartado y escríbelo en el espacio.**

| Datos personales ■ Experiencia ■ Aficiones ■ Formación académica ■ Datos de interés |

---

1. ....

José Pérez Herrero
C/ Gran Vía, 38 2.º A
28035 Madrid
Tfno.: 601 020 700

2. ....

a) 1996–2000 ESO.
b) 2000–2002 Bachillerato.
c) 2002–2009 Licenciado en Empresariales. Universidad Autónoma de Madrid.
d) 2009 Proyecto de fin de carrera: "Análisis y estudio comparativo de los mercados europeos".

3. ....

e) 2009 Becario en Marketing y Mercado S.A. Departamento de Relaciones Internacionales.

4. ....

f) 2004 Camarero.
g) 2005 Voluntario en la ONG "Médicos sin fronteras".
h) Socio de asociación deportiva.
i) 2003–2005 Monitor de tiempo libre en asociación cultural.

5. ....

j) Senderismo y escalada libre.

I.2.2. **El asesor laboral de José le ha aconsejado hacer algunos cambios para "disfrazar" datos que pueden perjudicarle. ¿Cuáles crees que son? Coméntalo con un compañero.**

I.2.3. **Escucha las recomendaciones del asesor y comprueba tus respuestas. ¿Qué datos le recomienda cambiar?**

I.2.4. **Vuelve a escuchar y escribe las razones por las que se deberían disfrazar los datos anteriores según el asesor.**

[1] Especificar los estudios secundarios, **hará** pensar que quieres ....

[2] Si escribes el año de inicio de tu carrera cuando has tardado más de lo necesario en hacerla, el entrevistador **creerá** que eres ....

[3] Especificar la categoría de becario, le **restará** ....

1.2.5. [R] Observa el tiempo verbal que se utiliza para expresar suposiciones en las frases anteriores, y escribe su nombre dentro del cuadro de reflexión. Escribe con un compañero las formas irregulares más frecuentes.

.... **irregular**

1. saber ➡	6. poder ➡ ....
2. decir ➡	7. tener ➡ ....
3. hacer ➡	8. salir ➡ ....
4. haber ➡	9. venir ➡ ....
5. poner ➡	10. querer ➡ ....

Recuerda

Para expresar suposición o probabilidad con el futuro también puedes utilizar: *probablemente, posiblemente y seguramente.*

- *Seguramente pensarán que no estás preparado para este trabajo.*

1.3. El asesor ha analizado otros aspectos del CV de José que no están mal. Lee las ideas que ha mencionado y transfórmalas al futuro.

[1] Pueden saber que has estado estudiando y formándote para tu proyecto de investigación ➡ .... que has estado estudiando y formándote para tu proyecto de investigación.

[2] Puede demostrar que estás acostumbrado a horarios, disciplina y jerarquía ➡ .... que estás acostumbrado a horarios, disciplina y jerarquía.

[3] Puede decir de ti que has desarrollado habilidades como el trabajo en equipo ➡ .... de ti que has desarrollado habilidades como el trabajo en equipo.

[4] Puede hacer ver que tienes intereses. ➡ .... que tienes intereses.

1.4. Manuel López busca trabajo y tiene más de 40 años. ¿Qué temores piensas que tendrá? ¿Qué dudas crees que va a plantearle al asesor? Coméntalo con tu compañero.

– La edad será seguramente...

1.4.1. El profesor os va a dar unas tarjetas para comprobar vuestras hipótesis anteriores. Relacionad las preguntas de Manuel con las respuestas del asesor.

1.4.2. ¿Qué consejos piensas que va a darle el asesor? Elige la opción que te parezca más adecuada.

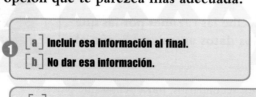

1 [a] Incluir esa información al final.
[b] No dar esa información.

2 [a] Empieza con los datos más actuales.
[b] No menciones los más antiguos.

3 [a] Di en el currículo que tienes mucho entusiasmo, que estás muy motivado, que te sientes más joven que nunca.
[b] Envía un currículo que transmita entusiasmo, pero sin ser exagerado o forzado.

Unidad 5

1.4.3. 📖 Lee los consejos del asesor que te va a dar tu profesor y comprueba la elección de 1.4.2.

1.5. 📝 María García es una joven licenciada con experiencia, pero su currículo tiene algunos problemas. Mira las respuestas del asesor y piensa cuáles son esos problemas.

Problema

[1] ....
....
[2] ....
....

¿Por qué puede ser un problema?   Respuesta del asesor:

[3] El seleccionador pensará que estás estancada, que llevas mucho tiempo haciendo lo mismo.

[4] Creerá que no tienes interés por reciclarte y seguir aprendiendo.

1.5.1. 🔊 [13] Escucha la conversación de María con el asesor y comprueba si los problemas que tú has pensado coinciden con los que se mencionan en la audición.

1.5.2. 🔊 [13] Vuelve a escuchar, completa las cuestiones que le plantea el asesor a María y marca si su respuesta es afirmativa o negativa.

	Sí	No
1. Posiblemente .... diferentes cargos o .... diferentes proyectos a lo largo de estos 5 años.	☐	☐
2. Probablemente .... a seminarios o jornadas organizadas por la empresa o .... que asistir a cursos de formación interna.	☐	☐

1.5.3. 🇷 El asesor no le hace directamente las preguntas a María, hace suposiciones con la información de su currículo. Cuando nos referimos a la probabilidad de acciones realizadas en el pasado utilizamos el futuro perfecto. Observa las frases que has completado en 1.5.2. y recuerda la forma del futuro imperfecto y del participio para completar.

▷ Futuro perfecto

Futuro imperfecto del verbo *haber* + participio		
(Yo)	habré	
(Tú)	....	realiz**ar** ➡ realiz................
(Él/ella/usted)	....	ten**er** ➡ ten................
(Nosotros/as)	habremos	asist**ir** ➡ asist................
(Vosotros/as)	habréis	
(Ellos/ellas/ustedes)	....	

1.6. Estos son otros problemas que pueden tener los currículos.

[1] Descenso de categoría   [2] Periodo de inactividad laboral   [3] Mucha inestabilidad laboral

Mira estos datos extraídos de tres currículos y escribe el número de problema que pueden tener.

☐ **Currículo A:**
1999-2003: Auxiliar de taller en Gráficas S.A.
2006-2007: Comercial para zona Andalucía en Impresiones Gráficas S. L.

☐ **Currículo B:**
2004: Administrativo en Express S.A.
2005: Administrativo en Almacenes Costa.
2006: Administrativo en Grupo Alba S.L.
2007: Administrativo en Escuela Internacional Corp.

☐ **Currículo C:**
2006: Coordinador de equipo en "Proyectos Económicos".
2007: Ayudante de coordinador en "Proyectos Económicos".

1.6.1. Dividid la clase en parejas. El profesor os va a dar unas preguntas relacionadas con los currículos anteriores. Pensad con cuál de ellos las relacionáis y completadlas con futuro imperfecto o futuro perfecto. Es una competición, la primera pareja que resuelva correctamente todo, será la ganadora.

1.7. El profesor te va a dar una ficha para completar un currículo. Puedes hacer el tuyo personal o inventar una personalidad.

1.7.1. Intercambia el texto con tu compañero. Piensa en los problemas de los currículos y las recomendaciones del asesor laboral que hemos visto. ¿Crees que podría "disfrazar" algún dato? ¿Cómo?

2 En busca de empleo

2.1.  Cuando enviamos un currículo a una empresa debe ir acompañado de una carta de presentación.

✓ ¿En tu país también hay carta de presentación?

✓ ¿Tiene una estructura predeterminada? ¿Es muy formal?

✓ ¿Cuál crees que es el objetivo de esta carta?

Unidad 5

2.I.I. Esta es la estructura de una carta de presentación. Tu profesor tiene la explicación de qué es cada apartado. Léela y toma nota de los significados.

Esquema de una carta de presentación:

Remitente:.. Fecha:..

Destinatario:.................................

Encabezamiento:..

Primer párrafo:..

Segundo párrafo:..

Tercer párrafo:..

Despedida:..

Firma:..

2.2. El profesor os va a repartir unos párrafos que corresponden a dos cartas de presentación diferentes. Con un compañero sepáralos y ordénalos según el esquema de 2.1.1.

2.2.I. Observa las frases subrayadas de las cartas que habéis ordenado. Son usos formales de la lengua escrita. Escríbelas junto a sus significados.

La carta formal

1. Querido señor ➡ ....
2. Valorando ➡ ....
3. Pido que reflexione ➡ ....
4. Querida señora ➡ ....
5. Formación profesional ➡ ....
6. En relación a ➡ ....
7. Le envío junto a la carta ➡ ....
8. Sin nada más que decir ➡ ....
9. En el caso de que piense que es buena idea ➡ ....
10. Adiós ➡ ....
11. Espero noticias suyas ➡ ....

2.3. Lee estas frases y marca con las que te identifiques.

☐ **1.** Si quieres encontrar trabajo es necesario leer la sección de anuncios de trabajo en el periódico cada día.

☐ **2.** El mejor medio para encontrar trabajo es Internet.

☐ **3.** La mayoría de las empresas no leen los currículos que reciben.

☐ **4.** Si no tienes contactos, es muy difícil encontrar trabajo.

☐ **5.** El currículo y la carta de presentación son imprescindibles para abrir la puerta de una empresa.

☐ **6.** La oficina de empleo solo te ofrece puestos relacionados con tu perfil.

☐ **7.** Conozco a alguien que encontró trabajo a través de la oficina de empleo.

☐ **8.** Yo encontré trabajo a través de un anuncio.

2.3.1. Comenta con la clase lo que has marcado.

–Yo creo que leer los anuncios de trabajo puede ayudarte a...

2.4. Lee los anuncios de trabajo que te va a dar tu profesor y di a qué sector se refieren.

> hostelería ■ informática ■ energías

2.4.1. Vuelve a leer los anuncios y di si estas frases son verdaderas o falsas.

	Verdadero	Falso
1. El ayudante de cocina sabe cuánto va a ganar.	☐	☐
2. El salario del comercial dependerá de los clientes que consiga.	☐	☐
3. El instalador de paneles solares necesita experiencia anterior.	☐	☐
4. El camarero va a trabajar todas las horas seguidas.	☐	☐
5. El restaurante de Segovia necesita al ayudante de cocina inmediatamente.	☐	☐
6. El camarero ganará menos de 1400 €.	☐	☐
7. La empresa va a encargarse de la formación del informático y de los comerciales.	☐	☐
8. El informático puede empezar a trabajar inmediatamente.	☐	☐

2.5. La empresa Tecnología y Sistemas S.A. busca empleados. Vamos a conocer a algunos candidatos, pero antes lee la descripción de esta empresa y comenta con un compañero el significado de las frases subrayadas.

Tecnología y Sistemas S.A. es una empresa de servicios en el área tecnológica especializada en la programación de <u>aplicaciones informáticas</u> para la <u>administración de datos en redes</u>. Podemos ofrecerle el desarrollo y mantenimiento de <u>soluciones particulares</u>, capaces de integrar su negocio en el mundo de la informática.

2.5.1. Como has visto, los anuncios de trabajo son textos que tienen un léxico específico, más formal que la lengua oral. Relaciona el léxico de ofertas de trabajo con sus significados.

Los anuncios de trabajo

En la lengua oral:	En una oferta de trabajo:
1. La empresa está buscando...	a. No se precisa.
2. Una persona que quiere/tiene interés por...	b. Formación a cargo de la empresa.
3. Hay que negociar el sueldo.	c. Se requiere...
4. Una empresa ha abierto una nueva oficina y por eso...	d. Jornada parcial.
5. No es necesario.	e. Por apertura.
6. Horario no completo.	f. Con afán de...
7. Puedes empezar a trabajar ya mismo.	g. Salario a convenir.
8. La empresa formará a...	h. Incorporación inmediata.

Fíjate:

Observa que en los anuncios de 2.4. se utilizan frases con sujeto inespecífico. Recuerda que para no identificar al sujeto de la frase podemos utilizar la estructura *Se* + verbo en 3.ª persona.

- *Se requiere camarero.*
- *Se precisan comerciales.*

2.5.2. Completa el anuncio de Tecnología y Sistemas S.A. con seis de las expresiones anteriores.

Oferta de empleo
Lunes, 14 de mayo

Empresa de servicios en el área tecnológica
Selecciona 50 personas para distintos puestos de promoción y marketing.

Contacto para concretar entrevistas:

Tecnología y Sistemas S.A.
Estefanía Gabriélez
Departamento de Recursos Humanos
gabrielez@rrhh.tecn

- Por (1) .... de nueva delegación, (2) .... 50 personas para cubrir distintos puestos de promoción y marketing.
- (3) .... experiencia.
- Formación (4) .... la empresa.
- (5) .... o total.
- Personas ambiciosas (6) .... superación.

2.6. Los candidatos a este empleo son: José Luis Miranda, Eduardo Gómez y Carmela Santos. Dividid la clase en tres grupos. El profesor os va a dar a cada uno información de un candidato. Leedla y comentadla en el grupo.

2.6.1. Haced nuevos grupos en los que haya un representante de cada candidato. Intercambiad la información que tenéis y pensad a qué departamento y puesto de los 50 que oferta la empresa pueden optar.

– José Luis Miranda tiene experiencia en la publicidad, por eso pienso que...

2.6.2. Volved a los grupos anteriores y escribid una carta de presentación para vuestro candidato.

2.7. ¿Sabes cuáles son las preguntas más frecuentes en una entrevista de trabajo? Aquí tienes un listado con algunas. Comenta con un compañero si has tenido que responderlas alguna vez.

1. Hábleme de usted.

2. ....

3. ¿Por qué quiere trabajar en nuestra empresa?

4. ....

5. ¿Qué planes tiene para su futuro profesional?

6. ....

7. ¿Por qué cree usted que es la persona idónea para el puesto?

8. ¿Está casado/a? ¿Tiene proyectos de matrimonio?

9. ....

10. ....

2.7.1. Tu profesor te va a dar un texto con recomendaciones para responder a las preguntas de una entrevista de trabajo. Léelas y piensa cuáles se refieren a las preguntas anteriores. Ten en cuenta que solo es una recomendación por pregunta.

2.7.2. Las recomendaciones que no has relacionado se refieren a las preguntas que todavía no conocemos. Vuelve a leerlas y con un compañero intenta deducir qué preguntas faltan en 2.7. Escríbelas en los espacios en blanco.

2.8. Vamos a entrevistar a nuestros candidatos. Dividid la clase en parejas y representad uno de estos roles.

Alumno A	**Alumno B**
Eres el entrevistador. Recuerda la información laboral de tu candidato, lee su carta de presentación y prepara la entrevista con las preguntas que hemos visto.	Eres el candidato. Recuerda tu formación académica, tu experiencia y tu carta de presentación y prepara las respuestas para las preguntas de la entrevista.

2.8.1. Entrevistador, ¿has seleccionado a tu candidato para el puesto? Explica por qué.

– Me ha parecido un buen candidato para el departamento de marketing porque es una persona imaginativa y...

3 Géneros

3.1. Utiliza los géneros que has usado en esta *Etapa* y escribe:

1. **Notas:** vocabulario que quieres recordar de las cinco unidades.

2. **Diario:** escribe lo que más te ha gustado de las actividades y contenidos de las cinco unidades y explica por qué.

3. **Página:** diseña la portada de un periódico con titulares referidos a temas trabajados en las cinco unidades.

4. **Apuntes:** escribe tus impresiones, opiniones y sentimientos sobre algunos momentos de la clase a lo largo de las cinco unidades.

5. **Anuncios:** piensa en tu trabajo ideal y redacta un anuncio ofertándolo.

Libro de ejercicios

Etapa 7
Géneros

Nivel

B1.2

© Editorial Edinumen, 2010.
© **Equipo Entinema:** Beatriz Coca del Bosque, Anabel de Dios Martín, Sonia Eusebio Hermira, Elena Herrero Sanz, Macarena Sagredo Jerónimo.
  Coordinación: Sonia Eusebio Hermira.
© **Autoras de este material:** Beatriz Coca del Bosque, Elena Herrero Sanz, Macarena Sagredo Jerónimo.

Coordinación editorial:
Mar Menéndez

Diseño y maquetación:
Carlos Yllana

Ilustraciones:
Carlos Yllana

Fotografías:
Archivo Edinumen
Sara Serrano

Editorial Edinumen
José Celestino Mutis, 4.
28028 Madrid
Teléfono: 91 308 51 42
Fax: 91 319 93 09
e-mail: edinumen@edinumen.es
www.edinumen.es

Edi
numen

Índice de contenidos

Las soluciones y transcripciones de los ejercicios puedes consultarlas en **www.edinumen.es/eleteca**

Unidad I

Notas de cultura

I.I. Relaciona los gestos con su significado en cada país.

1. En Italia este gesto:
- a. significa que todo va bien.
- b. se usa para contar del uno al cinco, sería el uno.
- c. es un insulto.

2. En España este gesto significa:
- a. ven.
- b. hablar.
- c. mucha gente.

3. En Gran Bretaña el signo de la uve con la palma hacia afuera, significa:
- a. un insulto.
- b. victoria.
- c. bien.

4. En Francia este gesto significa:
- a. cero.
- b. dinero.
- c. orificio u agujero.

5. En La India este gesto significa:
- a. una proposición sexual.
- b. una broma.
- c. una mentira.

I.I.I. Lee los textos, relaciónalos con las frases del ejercicio anterior y comprueba tus respuestas.

a. En la India este gesto se puede interpretar como un signo de proposición sexual e incluso puede ser considerado un insulto. En España se usa mucho para advertir a otra persona que vas a hacer una broma o decir una mentira.

b. El significado de "todo bien" es común en los países de habla inglesa. En Francia también puede significar cero o nada, por el contrario en Japón significa dinero, y en España también se usa para indicar un agujero.

c. Los italianos usan este gesto para contar de uno a cinco: levantan el pulgar para decir el uno y el índice para el dos. En Gran Bretaña y en España significa "todo está bien", en cambio para los griegos es un insulto.

d. Es un gesto que se usa mucho en España cuando queremos decir que hay mucha gente en un lugar o que está completamente lleno. No es común en otros países.

e. Winston Churchill hizo famoso el signo de la V como señal de victoria durante la Segunda Guerra Mundial, pero hay que tener cuidado si lo hacemos con la palma hacia adentro porque sería un insulto.

1.2. Escucha el diálogo y ordena las imágenes de los gestos según los oyes. Escribe el número en el cuadrado de la izquierda.

[14]

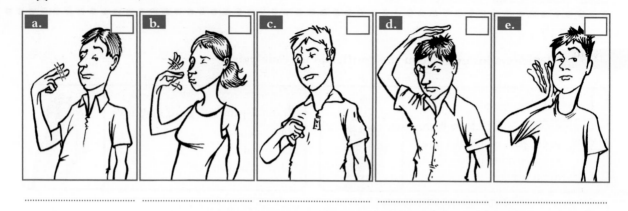

a. ☐　b. ☐　c. ☐　d. ☐　e. ☐

....

....

1.2.1. Vuelve a escuchar los diálogos y escribe el significado de cada gesto en el espacio en blanco de la actividad anterior.

1.3. Completa los textos sobre los malentendidos culturales con los verbos del recuadro en el tiempo correcto (pretérito indefinido/pretérito imperfecto).

> querer ■ pensar ■ comer (2) ■ estar ■ decir ■ volver
> sentar ■ tener ■ preocuparse ■ ofrecer ■ gustar

Soy alemana y tengo un novio español. El año pasado **(1)** .... en casa de mi futura suegra una semana. Ella **(2)** .... muchísimo por mí, y **(3)** .... que **(4)** .... muy poco. Por eso, todos los días me **(5)** .... más comida que al resto de la familia. Como yo **(6)** .... ser simpática, me **(7)** .... todo hasta que un día **(8)** me .... mal. Le **(9)** .... que la comida española **(10)** .... demasiado aceite para mí. No le **(11)** .... nada mi comentario y después no **(12)** .... a insistir.

> ponerse ■ saber ■ comprar ■ vivir ■ invitar ■ ver ■ hablar

Un amigo mío holandés, Patrick, **(13)** .... en Madrid unos meses hace unos años. Un día, un amigo suyo le **(14)** .... a comer a su casa con su hermano. Patrick no **(15)** .... qué llevar y al final le **(16)** .... unas flores. Cuando su amigo **(17)** .... las flores **(18)** .... nervioso y apenas **(19)** .... en toda la noche.

1.4. Elige el tiempo de pasado correcto en los siguientes textos.

¡Vaya metedura de pata!

1. Recuerdo una vez que **metí/metía/había metido** la pata muchísimo. **Estuve/Estaba/Había estado** con unos amigos tomando unas cervezas y **llegó/llegaba/había llegado** la hermana de uno de ellos. Yo **supe/sabía/había sabido** que **quiso/quería/había querido** tener un hijo porque me lo **dijo/decía/había dicho** su hermano. Nada más verla, me **fijé/fijaba/había fijado** en su tripa y le **dije/decía/había dicho** "¡Enhorabuena!". Ella me **preguntó/preguntaba/había preguntado**: "¿Por qué?". Yo no **supe/sabía/había sabido** qué decir, me **sentí/sentía/había sentido** tal mal que **puse/ponía/había puesto** una excusa y me **fui/iba/había ido**.

2. Hace dos años **fui/iba/había ido** dos veces a la semana a clases de natación. Un día, después de la clase **quise/quería/había querido** ducharme y **fui/iba/había ido** a los vestuarios. En ese momento, alguien me **llamó/llamaba/había llamado** al móvil y al entrar en el vestuario todo el mundo me **miró/miraba/había mirado**. **Entré/Entraba/Había entrado** en el vestuario de los chicos y no me **di/daba/había dado** cuenta.

3. Cuando **fui/era/había sido** pequeño **fui/iba/había ido** con mis padres a una boda. Mi madre **metió/metía/había metido** los zapatos en una bolsa de plástico y los **puso/ponía/había puesto** en el maletero del coche. Poco después de salir de casa, mi madre me **dijo/decía/había dicho**: "Abre el maletero y tira la bolsa de basura que hay dentro". Yo **cogí/cogía/había cogido** una bolsa y la **tiré/tiraba/había tirado**. Cuando llegamos a la boda, **tuvimos/teníamos/habíamos tenido** que ir corriendo a comprar unos zapatos porque en vez de la basura **tiré/tiraba/había tirado** los zapatos.

I.5. **Lee las siguientes frases y relaciona los tiempos verbales con su uso. Escribe los verbos de cada una de ellas en el lugar correspondiente.**

- Ayer **fui** al cine con mi padre y **vimos** *Avatar*.
- Mi profesor me **preguntó** si **quería** deberes para casa.
- El lunes pasado **perdí** el tren y **llegué** a clase cuando ya **había empezado**.
- Antes no **me gustaba** la verdura, ahora me encanta.
- Juan nos **dijo** que **teníamos** que pintar la casa de amarillo.
- **Estaba** muy enferma, **me dolía** todo el cuerpo.
- Cuando **salí** de mi casa, mis hermanas no **habían llegado** todavía.

1. Acción pasada terminada:
a.
b.
c.
d.
e.

2. Descripción de la situación:
a.
b.

3. Hábitos en el pasado:
a.

4. Estilo indirecto:
a.
b.

5. Verbo que introduce el estilo indirecto:
a.
b.

6. Acción anterior a otra:
a.
b.

I.6. **Relaciona las expresiones con su uso.**

1. ¡Qué bonito! ....•
2. Pues ayer… ....•
3. ¿Te he contado lo que me pasó…? .....•
4. ¡Qué pena! ....•
5. ¿Qué? ....•
6. Resulta que… ....•
7. ¡Qué vergüenza! ....•
8. ¿Y qué hiciste? ....•
9. ¿Sabes una cosa? ....•
10. ¿Qué te pasó? ....•

• **a.** Mostrar interés.

• **b.** Mostrar sentimientos.

• **c.** Avisar de que voy a contar algo.

• **d.** Empezar a contar.

¿Sabes una cosa?

1. ....
....

Ayer se murió mi perra, Rita, era muy mayor, pero no me lo esperaba porque no le pasaba nada.

2. ....
....

Iba caminando por la calle me tropecé con una piedra, me caí, pero no me hice daño, aunque el chico que me gusta lo vio todo.

3. ....
....

¿Te he contado lo que me pasó ayer?

4. ....
....

Estoy muy enfadada porque la semana pasada compré un billete de lotería, lo perdí, y resulta que ha tocado.

5. ....
....

Estaba paseando por El Retiro y me encontré con mi ex novio, llevaba sin verlo dos años. Él me decía que no quería tener hijos, y ahora tiene ¡cuatro!

6. ....
....

I.8. Lee las siguientes frases y ordena la anécdota.

a. Le pedí perdón, pero cuando me di cuenta de que era él, me puse roja y no sabía que hacer. ....

b. Pero al principio te lo habías creído, ¿eh? ....

c. Pues que iba caminando por la calle y me choqué con Jordi Mollá. ....

d. ¿Y qué hiciste? ....

e. ¿De verdad? No me lo creo, me estás tomando el pelo. ....

f. Desde luego, pero él me miró, me sonrió, se puso a hablar conmigo y me invitó a cenar. ....

g. ¿Te he contado lo que me pasó el fin de semana pasado? ....

h. No, ¿Qué te pasó? ....

i. ¡Qué vergüenza! ....

I.9. Marca la expresión que no tiene relación con las otras dos y escribe por qué.

1.
a. ¿Qué es de tu vida?
b. A ver si nos vemos.
c. ¿Cómo te va?

.... y .... son expresiones que se usan para ....
.... en cambio ....
se usa para ....
....

2.
a. ¡Que cumplas muchos más!
b. ¡Que tengas buen viaje!
c. ¡Que te lo pases bien!

.... y .... son expresiones que se usan para ....
.... en cambio ....
se usa para ....
....

3.
a. Venga, anímate.
b. Lo siento.
c. No te preocupes.

.... y .... son expresiones que se usan para ....
.... en cambio ....
se usa para ....
....

4.
a. Te llamo.
b. ¡Que te vaya bien!
c. ¡Que te lo pases bien!

.... y .... son expresiones que se usan para ....
.... en cambio ....
se usa para ....
....

5.
a. ¡Enhorabuena!
b. ¡Que descanses!
c. ¡Que te mejores!

.... y .... son expresiones que se usan para ....
.... en cambio ....
se usa para ....
....

I.10. Escucha y relaciona los diálogos con las frases.

[15]

Diálogo

1. Para despedirnos de alguien que nos hemos encontrado por casualidad. ....

2. Para desear buen viaje, buen fin de semana, etc. ....

3. Para felicitar a alguien por un éxito o una buena noticia. ....

4. Cuando alguien nos cuenta una mala noticia. ....

I.II.I. Relaciona los tiempos con sus usos.

1. pretérito indefinido

2. pretérito imperfecto

3. pretérito pluscuamperfecto

- **a.** Describe una situación o un suceso o un estado que es interrumpido por otro suceso.
- **b.** Describe circunstancias de un relato.
- **c.** Relata la acción pasada terminada.
- **d.** Relata la acción anterior a otra acción pasada.
- **e.** En el estilo indirecto se corresponde con el uso del presente en el estilo directo.

I.II.2. Completa la siguiente anécdota con los verbos en el tiempo correcto.

> ▷ ¿Sabes lo que me **(1)** .... *(pasar)* el año pasado cuando **(2)** .... *(vivir)* en Londres?
> ► No, ¿qué?
> ▷ Que el primer día de trabajo, al volver a casa **(3)** .... *(equivocarse)* de tren y me **(4)** .... *(ir)* en dirección contraria a la mía.
> ► ¡Qué despiste!
> ▷ Además la noche anterior no **(5)** .... *(dormir)* nada y **(6)** .... *(quedarse)* dormido en el tren. Cuando **(7)** .... *(despertarse)*, **(8)** .... *(ponerse)* muy nervioso porque no **(9)** .... *(saber)* donde **(10)** .... *(estar)* y **(11)** .... *(ser)* de noche.
> ► ¿Y qué hiciste?
> ▷ Pues no te lo vas a creer, pero en el andén **(12)** .... *(ver)* a un amigo de un amigo que **(13)** .... *(vivir)* por allí.
> ► ¡Qué casualidad!
> ▷ Desde luego. Él me **(14)** .... *(invitar)* a cenar a su casa y después me **(15)** .... *(llevar)* en coche hasta la mía.
> ► ¡Menos mal!

I.II.3. Describe diferentes situaciones en las que puedes usar cada una de las siguientes expresiones de sentimientos.

1. ¡Qué susto! ....
....

2. ¡Qué fuerte! ....
....

3. ¡Qué vergüenza! ....
....

I.II.4. Completa los siguientes diálogos con las expresiones adecuadas.

1. ▷ No me encuentro bien, creo que he comido algo que me ha sentado mal.
   ► ....

2. ▷ Mañana me voy París a la boda de mi prima.
   ► ....

3. ▷ ¡Ya soy mayor de edad!, hoy he cumplido 18 años.
   ► ....

4. ▷ Mi compañero de piso ha tenido un accidente, pero creo que está bien.
   ► ....

Diarios de amor

2.1. **Elige la opción correcta.**

1. Si una persona no respeta ideas que son diferentes a las suyas es que no tiene…
  a. humor. **b.** tolerancia. **c.** pasión.

2. Cuando a una persona le atrae otra de una manera irresistible siente por ella…
  a. humor. **b.** compañerismo. **c.** pasión.

3. Cuando ves en tu pareja cualidades extraordinarias es que sientes por ella…
  a. admiración. **b.** pasión. **c.** respeto.

4. Si demuestras alegría y eres capaz de ver la cara divertida de la vida es que tienes…
  a. pasión. **b.** humor. **c.** tolerancia.

5. Si tu pareja y tú compartís responsabilidades y tareas entre vosotros existe…
  a. respeto. **b.** admiración. **c.** compañerismo.

6. Si asumes que otra persona es diferente a ti y la aceptas es que tienes…
  a. respeto. **b.** pasión. **c.** compañerismo.

2.2. **Escucha la historia y ordena las siguientes expresiones.**

[16]

1. Hacerse amigos. ☐   **3.** Ser amor a primera vista. ☐

2. Ser infiel. ☐   **4.** Perder la cabeza por alguien. ☐

2.3. **Completa las siguientes frases con los verbos entre paréntesis.**

1. ▷ Luis, ¿qué tal **(a)** .... *(llevarse)* con tus suegros?

  ▶ Pues la verdad es que **(b)** .... *(llevarse)* muy bien, tenemos muy buena relación. Mi suegra es como una madre.

  ▷ Pues yo con la mía **(c)** .... *(llevarse)* fatal; la verdad es que **(d)** .... *(caer, a mí)* mal, es una maniática y quiere controlarlo todo.

2. Ayer conocí a un chico simpatiquísimo en la cafetería de la biblioteca, estuvimos tomando un café y **(a)** .... *(caer, a mí)* fenomenal, creo que vamos a quedar otro día.

3. Mi mejor amiga **(a)** .... *(caer, a mí)* muy bien el primer día que nos conocimos; poco tiempo después, **(b)** .... *(hacerse)* muy amigas y ahora somos inseparables.

4. ▷ El domingo presenté a mi novia a mis padres.

▶ Y ¿qué tal (a) .... *(caer, a ellos)*?

▶ Pues creo que (b) .... *(caer, a ellos)* muy bien, dijeron que es una chica muy agradable y simpática.

2.4. **Marca la opción correcta.**

1. El otro día conocí a los amigos de mi novio, me parecieron unas personas encantadoras y muy amables,
○ **a.** me cayeron fenomenal.
○ **b.** nos llevamos fenomenal.

2. Pedro y yo nos conocimos hace muchos años, salíamos con un grupo de amigos y nos lo pasábamos muy bien; poco a poco empezamos a quedar solos para ir al cine, para tomar algo, etc. y ahora...
○ **a.** nos hemos hecho muy amigos.
○ **b.** nos hemos caído muy bien.

3. A Marta no le gusta nada su jefe, dice que es un egoísta, un arrogante y que...
○ **a.** le cae mal.
○ **b.** siente algo especial por él.

4. Creo que Carlos...
○ **a.** no se lleva muy bien con...
○ **b.** siente algo especial por...
Susana, la llama mucho, se preocupa por ella y por todo lo que le pasa.

5. Desde pequeñas, mi hermana y yo...
○ **a.** nos hemos llevado muy bien.
○ **b.** nos hemos hecho muy amigas.

2.5. **Lee el texto y escribe las palabras del cuadro en los espacios en blanco.**

> Discusiones ■ Decepción ■ Rutina
> Desenamoramiento ■ Sentimiento de abandono
> Celos ■ Problemas de comunicación

Crisis de pareja

Es evidente que la vida de pareja no siempre es maravillosa. Los principios suelen ser muy buenos, pero la vida cotidiana y el paso del tiempo pueden ir enfriando la relación.

Conviene aclarar que los problemas que conducen a la separación, la mayoría de las veces, podrían solucionarse si se tratan a tiempo.

Causas

Las causas que pueden producir una ruptura son múltiples, depende de la relación, las circunstancias de cada uno, los problemas económicos, familiares, hijos, etc., pero entre los problemas más frecuentes en toda relación de pareja destacan:

1. ....: la mayoría de las veces no se habla de los problemas en su momento, se van acumulando y después se discuten a destiempo. Dificultad para expresar sentimientos, necesidades de afecto, y sobre todo creer que la otra persona sabe leer nuestro pensamiento y, por tanto, que conoce lo que sentimos, pensamos y necesitamos. Esto es un error que se comete con mucha frecuencia y da lugar a situaciones difíciles de solucionar.

2. ....: falta de respeto hacia la opinión del otro, creer que uno siempre lleva la razón, peleas sin sentido, no saber ponerse en el lugar del otro para comprender lo que le ocurre, etc.

3. ....: en ocasiones el exceso de trabajo, la falta de interés por la pareja, hace que se deteriore la relación y el otro sienta esa sensación de soledad que le lleve a buscar una solución al margen de su pareja.

4. ....: hacer siempre las mismas cosas, hablar siempre de lo mismo, falta de interés en lo que le ocurre al otro, la monotonía, la falta de ilusión, etc.

5. ....: muchas parejas, cuando se conocen realmente durante la convivencia, creen que su pareja ha cambiado, que ya no es como antes y se pierde un poco la admiración que pudo existir en el principio.

6. ....: el miedo ante la posibilidad de perder lo que se tiene, ese sentimiento causado por el temor de que la otra persona prefiera estar con otra pareja, llevan a la falta de confianza e incluso a la obsesión por la supuesta pérdida.

7. ....: suele ser la consecuencia de alguna de las razones anteriores, aunque algunas veces no viene asociado a nada, sencillamente se produce. Esto es debido muchas veces al debilitamiento de la atracción o de la pasión, entre otros factores.

| 2.5.1. | **Escribe los verbos entre paréntesis en imperativo afirmativo o negativo.** |

Posibles soluciones

Casi todas las parejas atraviesan crisis y diferencias. Lo importante es no negar que existen los problemas, hacerles frente en su momento y con deseo por parte de los dos de solucionarlos. Estos son algunos consejos que vienen bien para salvar la relación.

1. .... *(hablar)* de los problemas de forma directa, no .... *(decirlos)* cuando ya ha pasado tiempo, ... *(expresar)* lo que sientes de forma activa, no .... *(esperar)* que tu pareja adivine tus deseos.

2. No .... *(eludir)* los problemas, ... *(asumirlos)*, ... *(afrontarlos)* y .... *(hablar)* de ellos.

3. .... *(manifestar)* el cariño que sientes por la otra persona en todo momento, ... *(potenciar)* la pasión. No .... *(caer)* en la rutina.

4. .... *(evitar)* las discusiones innecesarias, no .... *(enfadarse)* por cosas sin importancia.

5. .... *(luchar)* contra la monotonía, ... *(procurar)* aportar novedades a la relación e .... *(intentar)* participar en la vida de tu pareja.

6. .... *(recuperar)* la admiración que sentías al principio. .... *(aceptar)* a tu pareja como es, no .... *(intentar)* cambiarla. Es importante que se sienta aceptada y valorada.

7. .... *(confiar)* en tu pareja todo lo posible, si está contigo es porque quiere.

Conseguir todo esto, en un principio, puede resultar difícil, pero es algo que se puede lograr. Es una tarea que requiere esfuerzo pero, si quieres de verdad a esa persona, merece la pena intentarlo, lo importante es no perder la confianza en conseguirlo.

Un poema de amor. Relaciona las palabras de las columnas. Son palabras contrarias, al menos en el sentido.

1. cobarde ....   **a.** cuidado
2. libertad ....   **b.** helado
3. mal ....   **c.** gente
4. descanso ....   **d.** valiente
5. abrasador ....   **e.** fuego
6. solitario ....   **f.** encarcelada
7. enfermedad ....   **g.** cansado
8. hielo ....   **h.** bien
9. descuido ....   **i.** curada

2.6.1. Lee el poema y completa los espacios en blanco con algunas de las palabras de la actividad anterior. Fíjate en las palabras subrayadas y escribe su contario.

Es hielo abrasador, Francisco de Quevedo

Es hielo (1) _abrasador_, es (2) .... helado,
es herida que duele y no se siente,
es un soñado (3) ...., un _mal_ presente,
es un breve (4) .... muy _cansado_.

Es un _descuido_ que nos da (5) ....,
un (6) .... con nombre de _valiente_,
un andar _solitario_ entre la (7) ....,
un amar solamente ser amado.

Es una _libertad_ (8) ....,
que dura hasta el postrero paroxismo[1];
enfermedad que crece si es (9) ....

Este es el niño Amor, este es su abismo.
¡Mirad cuál amistad tendrá con nada
el que en todo es contrario de sí mismo!

[1]**Paroxismo:** exaltación extrema del afecto y la pasión.

2.6.2. ¿De qué trata el poema? Elige la opción correcta.

1. Definición del amor como un sentimiento que produce tranquilidad y bienestar a las personas que lo sienten.

2. Definición del amor como un sentimiento que produce angustia y dolor.

3. Definición del amor como un sentimiento contradictorio.

2.7. Completa el cuadro con la forma del condicional simple.

	1. querer	2. venir	3. tener	4. decir	5. salir	6. hacer
Yo						
Tú						
Él/ella/usted						
Nosotros/as						
Vosotros/as						
Ellos/ellas/ustedes						

2.8. Completa las frases con los verbos del cuadro en el tiempo correcto.

> llamar ∎ invitar ∎ comer ∎ sorprender ∎ hablar ∎ apuntarse
> quedarse ∎ poner ∎ beber ∎ salir ∎ hacer (2) ∎ cocinar ∎ regalar

1. Yo, en tu lugar, la .... con un viaje de fin de semana a algún lugar romántico.

2. Yo, en tu lugar, ... una fiesta en casa e .... a tus compañeros de trabajo.

3. Yo .... con el presidente de la comunidad.

4. Yo que tú, ... yoga o a cualquier otra actividad relajante.

5. Yo, en tu lugar, ... a un curso de actividades en grupo.

6. Yo le .... una joya.

7. Yo no .... café o bebidas excitantes durante el día.

8. Yo .... por la noche de bares y no .... en casa.

9. Yo, en tu lugar, ... algún aislante en las paredes de la casa.

10. Yo que tú, ... para ella una cena romántica, con un buen vino y velas.

11. Yo que tú, no .... mucho antes de meterme en la cama.

12. Yo que tú, ... a la policía.

2.8.1. Escucha a estas personas contar sus problemas y relaciónalas con el tipo de problema que tienen.

[17]

PERSONA **1** •   • a. Problemas de insomnio.

PERSONA **2** •   • b. Problemas con sus vecinos.

PERSONA **3** •   • c. Problemas con su novia.

PERSONA **4** •   • d. Problemas de soledad.

2.8.2. Relaciona los consejos de la actividad 2.8. con los problemas anteriores.

1. Problemas de soledad: ...., ..., ...

2. Problemas con sus vecinos: ...., ..., ...

3. Problemas de insomnio: ...., ..., ...

4. Problemas con su novia: ...., ..., ...

2.8.3. Escribe otros consejos para cada uno de los problemas de la actividad anterior.

Problema 1:

Problema 2:

Problema 3:

Problema 4:

2.9. Relaciona los problemas de la columna de la izquierda con los consejos de la columna de la derecha.

Problemas

1. Quiero comprarme una casa porque la que tengo ahora es muy pequeña, pero no sé si tengo suficiente dinero. ☐

2. Mi novio está un poco deprimido y no sé cómo ayudarlo. ☐

3. Mañana tengo una entrevista de trabajo y no sé qué ropa ponerme: ¿vestido o traje de chaqueta? ☐

4. Esta noche vienen a cenar a mi casa los padres de mi novia, quiero impresionarlos pero no sé cocinar. ☐

5. Me voy de vacaciones un mes a Buenos Aires, no tengo alojamiento y no me quiero gastar mucho dinero. ☐

Consejos

a. Yo que tú .... *(buscar)* un intercambio de casa, en Internet hay muchas páginas. Es muy cómodo y barato.

b. .... *(vender)* la que tienes ahora y si no tienes suficiente dinero, ... *(pedir)* un préstamo al banco.

c. Yo, en tu lugar, ... *(poner)* unos entrantes de embutidos y quesos y de segundo .... *(hacer)* un pescado al horno, es muy fácil y siempre gusta a la gente. No .... *(olvidarse)* de un buen vino.

d. .... *(ponerse)* un traje no demasiado formal y por supuesto no .... *(maquillarte)* demasiado.

e. Yo .... *(intentar)* animarlo con mucho cariño y además le .... *(organizar)* una cena con sus amigos, así se sentirá querido.

2.9.1. Completa los espacios en blanco de los consejos con los verbos entre paréntesis, en imperativo o condicional simple, según convenga.

2.10. Lee problemas de estas personas y escribe algunos consejos para ellas.

1. Mi marido quiere que deje de trabajar y que cuide a nuestro hijo. No sé qué hacer, me gusta mucho mi trabajo, pero también me gustaría estar más tiempo con mi hijo.

Andrea, 35 años.

....

....

....

2. Me han trasladado a trabajar a París, no hablo francés y me gustaría aprenderlo, pero no tengo mucho tiempo.

Julio, 30 años.

....

....

....

3. Estoy enamorado de mi mejor amiga, no sé lo que ella siente por mí y la verdad, me da miedo decírselo porque se puede romper la amistad.

Juanjo, 30 años.

....

....

....

Unidad 3

Páginas de noticias

3.1. Elige la opción correcta.

1. El titular de una noticia es:
- a. un título pequeño.
- b. una frase que destaca lo más importante de la noticia.
- c. un resumen de la noticia.

2. La entradilla de una noticia es:
- a. La parte en la que el periodista firma.
- b. La primera frase de la noticia.
- c. Un pequeño resumen de la noticia con la información básica.

3. La frase que se escribe para explicar una imagen que acompaña a la noticia es:
- a. El pie de foto.
- b. El pie de imagen.
- c. El resumen de imagen.

4. El texto completo de la noticia es:
- a. el texto.
- b. el cuerpo.
- c. la entradilla.

5. La definición correcta de sigla es:
- a. plural de siglo.
- b. palabra que define una expresión.
- c. palabra formada por las primeras letras de una expresión.

3.2. Coloca las siglas de los recuadros en los titulares.

IVA	OTAN	SIDA
ONG	EE. UU.	ONU
RR. HH.	DNI	ETT

1
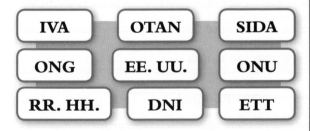
Rusia ve a la .... como el principal peligro militar

2
El viento y la nieve paralizan el noreste de ....

3
Las estrellas de Hollywood se unen para luchar contra el ....

4
La lista de espera para sacarse el .... es de dos meses

5
Trabajadores piden el despido de la jefa de ....

6
Las .... piden reformas para frenar el paro

7
.... ambientales protestarán mañana jueves en Madrid contra el incumplimiento de la política europea de agua en España

8
Atenas estudia aumentar el .... y suprimir una paga extra

9
La .... estima que África pierde al año 700 millones de dólares por las malas condiciones de comercio

3.3. El titular, la entradilla y el cuerpo de estas dos noticias se han mezclado. Coloca los números de las frases al lado de la foto correspondiente y escribe si pertenecen al titular, entradilla o cuerpo.

1. El accidente provocó un atasco de ocho kilómetros que se alargó más allá del mediodía.

2. Solo se registró un herido leve.

3. Vivir se ha convertido en una pesadilla para los 60 154 madrileños que el año pasado pusieron una denuncia ante el Ayuntamiento de Madrid debido a los ruidos molestos que soportan.

4. El vuelco de un camión causa un atasco de 8 km en la A-2.

5. Las denuncias subieron un 30% respecto al año anterior. La policía municipal detectó 17 nuevos puntos de botellón, una de las actividades más molestas.

6. Un espectacular accidente alteró ayer el tráfico en la A-2 a la altura de Torrejón de Ardoz durante toda la mañana.

7. Son un 30% más de los que lo hicieron en el mismo periodo del año anterior.

8. Un camión volcó a las 9.00h en el kilómetro 21 y su cabina cayó sobre el arcén. El conductor del camión tuvo que ser rescatado y fue atendido en el hospital de una herida leve.

9. Aunque el tráfico y las actividades industriales generan ruidos que amargan el día a día de miles de madrileños (alrededor del 3% de las denuncias se hicieron por estos motivos), el ocio nocturno sigue siendo lo que más molesta a los madrileños: bien por vecinos molestos, locales nocturnos o focos de botellón.

10. Más de 60 000 madrileños víctimas del ruido durante el pasado año.

a. cuerpo ☐ entradilla ☐ titular ☐ cuerpo ☐ cuerpo ☐

b. cuerpo ☐ entradilla ☐ titular ☐ cuerpo ☐ cuerpo ☐

3.4. Une cada género con su definición.

1. El debate

2. La tertulia

3. La cuña publicitaria

4. El editorial

5. El comentario

6. La encuesta en la calle

a. Conversación que gira en torno a un tema que discuten varias personas que tienen opiniones distintas. Está dirigido por un moderador.

b. Texto firmado que transmite la opinión y valoración personal sobre una noticia.

c. Texto que explica, valora y juzga una noticia de especial importancia. No está firmado (en prensa) y refleja la línea ideológica del medio de comunicación.

d. Reunión de gente interesada en un tema para debatir, informarse o compartir ideas y opiniones.

e. La forma más habitual de hacer publicidad en la radio.

f. Preguntas de los reporteros a los ciudadanos sobre un tema de actualidad.

3.5. Crucigrama de subjuntivo. Escucha la grabación y completa el crucigrama.

Ejemplo: *Dos horizontal: avanzar, tú.*

3.6. Completa la siguiente tabla con las formas del presente de subjuntivo.

	infinitivo	yo	tú	nosotros/as	ellos/ellas/ustedes
1.	Volver				
2.				juguemos	
3.					piensen
4.			destruyas		
5.		vea			
6.				nos acostemos	
7.	Reír				
8.					digan
9.		esté			
10.	Producir				
11.			duermas		
12.					vayan
13.		siga			
14.				sepamos	

3.7. Escribe los verbos que oigas en la columna correcta.

[19]

Presente de subjuntivo
Regulares

Presente de subjuntivo
Irregulares

3.8. Lee las siguientes noticias y completa las frases para expresar tu opinión.

Atraco con una taza de café

Un ladrón atracó una cafetería en Hamelin, Alemania, amenazando al encargado con una taza de café. El cliente pidió un café y luego lo utilizó como arma. Amenazó al camarero con golpearle con la taza si no le entregaba el dinero de la caja.

1. Es asombroso que ....
....

2. Me parece que ....
....

3. No es normal que ....
....

Motín en una cárcel de Brasil

Los presos de la localidad de Minas Gerais, Brasil, pidieron, durante un motín, televisión por cable, teléfono y aire acondicionado en sus celdas.

4. Creo que ....
....

5. No me parece bien que ....
....

6. Es increíble que ....
....

La cerveza es buena para los huesos

Un par de cervezas al día puede ayudar a nuestros huesos.
Está demostrado que la cerveza rubia puede prevenir algunas enfermedades de los huesos como la osteoporosis, pero cuidado, porque más de dos cervezas al día pueden ser peligrosas.

7. No pienso que ....
....

8. Es cierto que ....
....

9. Me parece .... que ....
....

Un británico de cada dos lee los SMS de su pareja

10. Está .... que ....
....

11. Me parece horrible que ....
....

3.9. Clasifica las siguientes frases de opinión. ¿Cuáles van con subjuntivo y cuáles con indicativo?

> Pienso que... ■ Me parece que... ■ No creo que... ■ Es evidente que...
> Me parece injusto que... ■ Está mal que... ■ Creo que... ■ Es increíble que... ■ Es verdad que...
> Me parece muy bien que... ■ No pienso que... ■ No me parece justo que... ■ Es vergonzoso que...

INDICATIVO	SUBJUNTIVO

3.10. Utiliza las expresiones del ejercicio anterior para dar tu opinión sobre los siguientes titulares.

1 La democracia en Sudáfrica es hoy estable y la mayoría de los blancos y negros se tratan con respeto

2 Los grafiteros se quejan de la falta de espacios públicos para dibujar

3 Los sindicatos salen a la calle contra la ampliación de la edad de jubilación

4 La Comunidad de Madrid declarará la Fiesta de los toros Bien de Interés Cultural

5 El Senado aprueba la Ley del Aborto con la oposición del PP

3.11. Completa el debate con las palabras del recuadro.

Perdona, pero déjame terminar, ■ Yo creo que ■ Sí, es verdad
Bueno, depende, la verdad es que ■ Pues yo no lo veo así
Estoy totalmente de acuerdo con vosotros ■ Escúchame un momento

► (1) .... la energía nuclear es muy buena para salvarnos del cambio climático.

▷ (2) ...., las centrales nucleares son imprescindibles para garantizar el suministro eléctrico.

► (3) ...., además, no emiten gases de efecto invernadero.

▷ (4) .... Para mí, la energía nuclear es parte del problema y no la solución, ya que se sustituye un problema por otro.

▷ (5) .... no hay solución duradera si dejamos a un lado la energía nuclear. A pesar de todos los problemas, sigue siendo la única alternativa ante el elevado precio del petróleo.

▷ Es evidente que la energía nuclear emite muy poco CO2, pero es evidente también que…

▷ Pues eso es lo más importante.

▷ (6) ....… Es evidente que el problema es qué hacer con los residuos radiactivos que tardan en enfriarse entre 20 000 y 100 000 años.

► Pues se guardan en piscinas como hasta ahora.

▷ Sí, pero, ¿y la radioactividad? ¿Cómo se garantiza la seguridad de los ciudadanos?

▷ Es cierto que ese sigue siendo el gran inconveniente.

► Yo, para terminar, quiero decir que…

► ¿Que en tu pueblo hay una central nuclear y todos estáis muy sanos?

► No, hombre, (7) ....… Yo también soy partidario de la utilización de otras energías renovables y del ahorro energético. Pero eso no quita que…

3.11.1. Escucha la grabación y comprueba tus respuestas.

[20]

Haz frases con sentido con estas palabras y tacha la que no corresponde.

1. empiezan/cambio/evidente/Es/~~empiecen~~/que/del/ya/se/efectos/a/los/ver/climático.
Ejemplo: *Es evidente que ya se empiezan a ver los efectos del cambio climático.*
....
....

2. derechos/dos/conviven/Me/bien/sexo/su/sin/quieren/parece/muy/España/que/en/reconocen/los/
importar/reconozcan/se/y/se/de/personas/que.
....
....

3. mercados/mejorar/que/impuesto/Pienso/ayudaría/real/economía/las/especulativos/de/ayude/a/un/la/
poner/a/los/naciones.
....
....

4. espectáculo/que/viendo/siguen/deporte/y/real/vergonzoso/sigamos/deporte/Es/no.
....
....

5. público/dinero/famosos/mucho/justo/No/que/ganan/por/vida/contar/en/parece/su/me/ganen/
íntima/los.
....
....

Ahora escribe tu propia valoración sobre los temas anteriores.

1. ....
....

2. ....
....

3. ....
....

4. ....
....

5. ....
....

Ordena correctamente las letras de las siguientes siglas y únelas con la definición correspondiente.

1. JOJO _ _ _ _ _	**a.** Empresa que ofrece trabajo por un corto periodo de tiempo.
2. ICO _ _ _	**b.** Impuesto que se añade al valor de compra de cualquier cosa.
3. TET _ _ _	**c.** Organización internacional para la defensa militar.
4. GON _ _ _	**d.** Eventos de varios deportes cada cuatro años.
5. NOTA _ _ _ _ _	**e.** Comité que coordina las actividades olímpicas.
6. AVI _ _ _	**f.** Organización que no depende del gobierno de un país.

Apuntes de música

4.1. Escribe debajo del dibujo la palabra del recuadro con la que se corresponde.

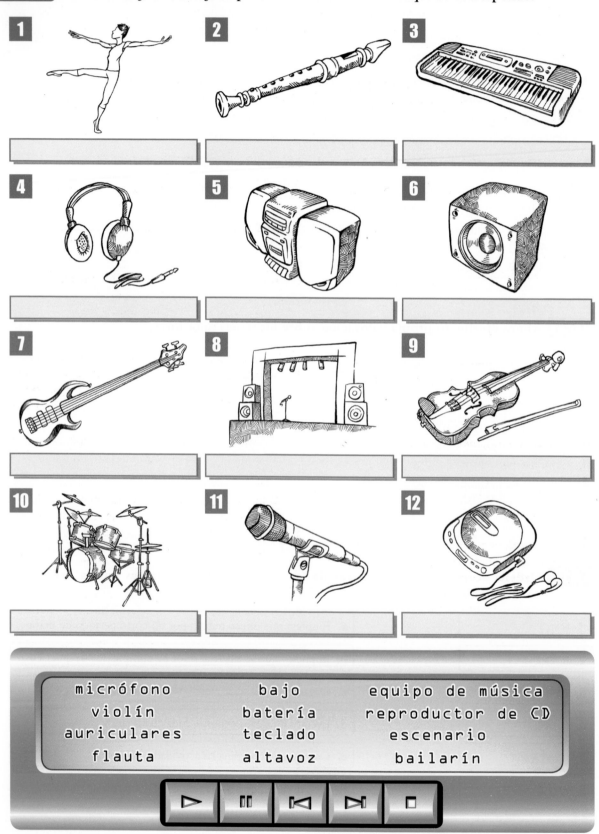

micrófono	bajo	equipo de música
violín	batería	reproductor de CD
auriculares	teclado	escenario
flauta	altavoz	bailarín

Repasa el vocabulario sobre música que has estudiado en la unidad y escribe en las siguientes tarjetas la palabra correspondiente, teniendo en cuenta las pistas que te damos.

1. *Compositor*
- persona
- escribir
- música

2. ....
- frases
- repetidas
- canción

3. ....
- gustar
- público
- después de

4. ....
- practicar
- cantar
- antes de

5. ....
- tocar
- cantar
- en directo

6. ....
- grupo
- música
- instrumentos

7. ....
- instrumento
- flamenco
- tocar

8. ....
- disco
- reproducir
- estudio

9. ....
- grupo
- música
- personas

10. ....
- tipo
- música
- española

4.3. **Completa las frases con la forma y el tiempo correcto del verbo entre paréntesis**

1. ¿A quién .... *(dar vergüenza)* cantar en un karaoke?

2. A Piluca siempre le .... *(gustar)* los conciertos de rock.

3. El rock duro no me gusta nada, lo cierto es que .... *(molestar, a mí)* bastante porque me parece un ruido insoportable.

4. ▷ A ti qué te parece el hip hop?

   ▷ ¿Que qué me parece? ....
   (encantar, a mí), me relaja, me divierte…

5. A algunas personas .... *(molestar, a ellos)* las letras de las canciones de Britney Spears porque las consideran demasiado "subidas de tono".

6. Los instrumentos de viento .... *(encantar)* a Pablo y Ana y por eso en su boda tocó un cuarteto de viento.

7. Algunos grafitis que veo por las paredes de mi barrio .... *(dar vergüenza, a mí)*, porque no los considero arte sino una forma más de ensuciar la calle.

8. Pues hay algunos grafiteros profesionales que hacen dibujos preciosos que alegran mucho la ciudad, a nosotros .... *(gustar)* ver pintadas por la calle.

9. ¿No .... *(molestar, a vosotros)* que la gente vaya escuchando música por la calle sin prestar atención a lo que sucede a su alrededor?

4.4. **Escribe en los textos el género musical que se define en ellos.**

> flamenco ■ rock ■ tango ■ rap ■ salsa ■ pop

1. El .... viene de la abreviación en inglés de la palabra "popular". Es un tipo de música ligera derivado de estilos musicales negros y de la música folclórica británica.

2. El .... es un género musical que se caracteriza por el ritmo y la potencia. Suele interpretarse con instrumentos como la guitarra, la batería, el bajo y, ocasionalmente, instrumentos de teclado como el órgano y el piano o los sintetizadores. Se deriva del blues, góspel, jazz y folk y tiene una estructura musical simple, rápida y pegadiza.

3. El .... es un tipo de recitación rítmica de juegos de palabras y poesía. Nació a mediados del siglo XX entre la comunidad negra de los Estados Unidos. Es uno de los cuatro pilares de la cultura hip hop.

4. El .... es un género musical y una danza característica de las ciudades de Buenos Aires, Montevideo y Rosario. El baile diseñado a partir del abrazo de la pareja es sensual y bastante complejo.

5. En los años sesenta, unos ritmos de origen cubano se fusionan con el jazz y reciben el nombre de .... Son ritmos hechos para bailar.

6. En Andalucía, en el siglo XVIII se originó un género español de música y danza que recibe el nombre de ....Tiene como base la música y la danza andaluzas. En su creación tuvieron un papel fundamental los andaluces de etnia gitana.

4.5. Escucha los mensajes en el contestador de la emisora de radio y completa los deseos y peticiones de los oyentes.

1. Iñaqui quiere ....

....

2. Jimena espera ....

....

3. Juan desea .... y quiere

....

4. Alicia quiere .... y

espera ....

5. Fernando desea ....

....

4.6. Escribe en este test los verbos en el modo correcto y comprueba si eres un/a loco/a de la música.

> Melómano:
> persona amante de la música.
>
> El verbo *necesitar* funciona como *querer*, *desear* y *esperar*.

¿ERES UN/A MELÓMANO/A?

1. ¿Quieres .... *(ponerse, tú)* siempre al lado del escenario en los conciertos?

○ **a.** Sí.
○ **b.** Algunas veces.
○ **c.** No, ¡qué horror!

2. ¿Esperas que algún día un/a cantante .... *(enamorarse)* de ti?

○ **a.** ¡Sí!
○ **b.** Solo si es guapo/a.
○ **c.** No, gracias.

3. ¿Deseas .... *(comprar)* todos los discos que sacan tus cantantes preferidos?

○ **a.** Sí, claro.
○ **b.** No, prefiero .... *(descargarlos)* de Internet.
○ **c.** Solo compro algunos.

4. Cuando estás triste, ¿deseas .... *(escuchar)* música para animarte?

○ **a.** Sí.
○ **b.** A veces la música me anima, pero no siempre.
○ **c.** No. La música me pone más triste.

5. En la ducha, ¿necesitas que la música .... *(acompañarte, a ti)*?

○ **a.** Sí, no puedo ducharme sin ella.
○ **b.** Solo los sábados y domingos.
○ **c.** No, prefiero no .... *(escuchar)* nada.

6. ¿Esperas que todos los cantantes con los que te encuentras .... *(firmar, a ti)* un autógrafo?

○ **a.** Sí, por supuesto.
○ **b.** Solo si es mi cantante preferido.
○ **c.** No me gusta coleccionar autógrafos.

7. Cuando tienes que decir algo importante a alguien, ¿prefieres que la música se lo .... *(decir)* por ti?

○ **a.** Sí, es más fácil.
○ **b.** Solo algunas veces.
○ **c.** No, quiero .... *(decírselo)* yo mismo/a.

8. ¿Con qué frase te sientes más identificado?

○ **a.** Necesito que todo tipo de música .... *(amenizar)* mi casa y mi coche.
○ **b.** Prefiero .... *(escuchar)* música pop y rock durante el día, pero para dormir necesito que el chillout .... *(tranquilizar a mí)*.
○ **c.** Solo la música clásica es música de verdad.

9. Respecto a la piratería…

○ **a.** Espero que .... *(prohibir)* las descargas de música y películas.
○ **b.** No necesito .... *(tener)* demasiados CD.
○ **c.** Nunca me he descargado nada.

> **Mayoría de respuestas a.** Realmente eres un amante de la música, no puedes vivir sin ella, la necesitas en todo momento. Te despierta la música de la radio, en tus viajes te acompaña tu mp3 y te duermes con tu equipo de música.

> **Mayoría de respuestas b.** En vez de amantes, la música y tú sois amigos. Escuchas música de vez en cuando, pero no es esencial para ti. Quizás prefieres pasear por el campo o ir al teatro.

> **Mayoría de respuestas c.** Eres amante del silencio y la tranquilidad, solo de vez en cuando te relajas con un poco de música clásica. Odias a la gente que va con sus auriculares a todo volumen y obligan a los demás a escuchar ese "ruido".

4.7. Completa la siguiente canción de José Alfredo Jiménez, *Que te vaya bonito*, con los verbos del recuadro.

conocer ■ ir (2) ■ olvidar ■ llenarse ■ dar ■ doler ■ acabarse ■ vestir

Ojalá que te (1) ....*vaya*.... bonito,
ojalá que (2) .... tus penas;
que te digan que yo ya no existo
y (3) .... personas más buenas.

Que te (4) .... lo que no pude darte,
aunque yo te haya dado de todo.
Nunca más volveré a molestarte,
te adoré, te perdí, ya ni modo.

¡Cuántas cosas quedaron prendidas
hasta dentro del fondo de mi alma!
¡Cuántas luces dejaste encendidas!,
yo no sé cómo voy a apagarlas.

Amor, que te vaya bonito, amor.

Ojalá que mi amor no te (5) ....
y te (6) .... de mí para siempre;
que (7) .... de sangre tus venas
y te (8) .... la vida de suerte.

Yo no sé si tu ausencia me mate
aunque tengo mi pecho de acero,
pero nadie me llame cobarde
sin saber hasta dónde la quiero.

¡Cuántas cosas quedaron prendidas
hasta dentro del fondo de mi alma!
¡Cuántas luces dejaste encendidas!,
yo no sé cómo voy a apagarlas.

Ojala que te (9) .... bonito…

4.8. Relaciona los deseos con el tema al que se refieren.

1. mileuristas   **3.** violencia de género   **5.** conciencia medioambiental

2. inmigración   **4.** ley antiterrorista   **6.** acceso a la primera vivienda

a. Ojalá nos demos cuenta de lo importante que es cuidar la Tierra y sus recursos.
....

d. Espero que algún día pueda irme de vacaciones quince días con mi sueldo.
....

b. Queremos poder comprar un piso con nuestro sueldo y no tener que pagar una hipoteca el resto de nuestra vida.
....

e. Necesitamos que se haga justicia con nuestros familiares muertos.
....

c. Necesito más protección, no puedo vivir con este miedo a mi propio marido.
....

f. Quiero que se me trate como a un ciudadano más.
....

4.9. Completa los diálogos con las expresiones que sirven para enfatizar los deseos ayudándote con las pautas que te damos.

> en serio/de verdad ■ ya/de una vez ■ sin más
> a ver si es verdad ■ realmente ■ claro que quiero

a. ▷ Entonces, ¿quieres venir al concierto de Bruce? Será en el auditorio del Parque de Atracciones. La actuación es en directo, por supuesto, y a precios de risa.

▷ .... *(deja claro que ese es su deseo)*. Me encanta Bruce, y su banda, pero, ¿cómo vamos a conseguir las entradas? Con esos precios será dificilísimo.

b. ▷ Dicen que pronto tendremos que pagar por bajarnos música y películas de Internet.

▷ .... *(enfatiza el deseo de que ocurra)* porque a mí me parece mal no pagar nada por algo que ha costado tanto trabajo.

▷ Bueno, yo no lo veo así, también Internet es una forma de darse a conocer.

c. ▷ El ayuntamiento tendría que poner multas .... *(muestra que tiene el deseo desde hace tiempo)* a los que hacen pintadas en las calles.

▷ Hay otras cosas mucho peores como romper el mobiliario urbano, y no se está castigando.

d. ▷ .... *(deja claro que su deseo es muy fuerte)* no quiero vivir en una sociedad que no cuida la naturaleza y que está todo el día corriendo detrás del dinero.

▶ Y qué vas a hacer?

▷ Me marcho a vivir al campo y allí cultivaré la tierra y tendré animales.

e. ▷ Mamá, quiero ser bailarín .... *(deja claro que su deseo no debe discutirse porque es algo muy serio)*.

▶ Pero, hijo, ¿lo has pensado bien? ¡Con lo duro y sacrificado que es!

▷ Sí, lo llevo pensando mucho tiempo y es .... *(deja claro que su deseo es muy fuerte)* a lo que me quiero dedicar.

4.10. Escribe cinco deseos sobre tu vida, planes relacionados con la música o temas que preocupan en tu ciudad, utilizando las expresiones del ejercicio anterior.

1. ....
....

2. ....
....

3. ....
....

4. ....
....

5. ....
....

Anuncios de trabajo

5.1. Ordena estas frases para completar el currículo de Miguel Losada Tosca.

a. 1994 Curso de Experto en Redes Informáticas, Universidad Pontificia de Salamanca, 300 horas.

b. Francés, B1.

c. Periodista voluntario para Greenpeace, España.

d. 1996-2000 Responsable de las relaciones con los medios en la editorial jurídica Lex.

e. 1996 MBA por el Instituto de Empresa de Madrid.

f. Diseño de blogs y páginas webs.

g. 2000-2004 Ejecutivo de cuentas en James & Excel.

h. Inglés, C1 (Cambridge Certificate of Proficiency in English), 2005.

i. 2004-2006 Ejecutivo de cuentas internacionales en Paritex.

j. 1990-1995 Licenciado en Ciencias de la Información, Rama Publicidad y Relaciones Públicas, por la Universidad Pontificia de Salamanca.

k. Miguel Losada Tosca
23/10/72
C/Juan Bravo, 13 2.° B.
37020 Salamanca
Email:mlt@hotmail.com
Tfno.: 600124859

l. Carné de conducir B-1, vehículo propio, disponibilidad para viajar.

m. Procesadores de Texto: Microsoft Word.

Currículum vítae

1. Datos personales ....

2. Formación académica ....

3. Experiencia profesional ....

4. Idiomas ....

5. Informática ....

6. Datos de interés ....

Escucha y completa la siguiente oferta de trabajo.

[22]

Fecha de la oferta:	29-03-2010
Nombre de la empresa:	(1) ....
Ubicación	
Población:	Madrid
País:	España
Descripción	
Puesto vacante:	(2) ....
Descripción de la oferta:	Nuestro cliente es una importante multinacional líder en su sector. Precisa incorporar para sus oficinas centrales en Madrid un analista financiero de negocios.
Funciones concretas:	• (3) .... • Análisis y valoración de proyectos de negocios.
Requisitos	
Estudios mínimos:	Licenciado en Administración y Dirección de Empresas.
Experiencia mínima:	(4) ....
Requisitos mínimos:	• Imprescindible conocimiento de las herramientas Excel y Access. • Se requiere nivel alto de inglés. • (5) ....
Contrato	
Tipo de contrato:	(6) ....
Jornada laboral:	(7) ....
Salario:	24 000 bruto/año.

5.3. **Relaciona las palabras con su definición.**

1. realista .... •
2. sinceridad .... •
3. reto .... •
4. repercusión .... •
5. selección .... •
6. personalidad ... •
7. meta .... •
8. defecto .... •
9. puesto .... •
10. incómodo ...... •
11. compañía .... •
12. empresario ..... •
13. sueldo .... •
14. beneficio .... •

• **a.** Empleo.
• **b.** Utilidad.
• **c.** Objetivo difícil de realizar que constituye un desafío para la persona.
• **d.** Manera de ser de una persona, conjunto de sus características.
• **e.** Fin o deseo de alguien.
• **f.** Propietario de un negocio o una empresa.
• **g.** Empresa.
• **h.** Persona que actúa de una manera práctica.
• **i.** Cantidad de dinero con la que se paga un trabajo, normalmente mensualmente; salario.
• **j.** Influencia, causa o efecto.
• **k.** Contrario de cualidad.
• **l.** Elección de una persona o cosa entre varias.
• **m.** Algo que no resulta agradable.
• **n.** Cualidad que tiene una persona que dice la verdad.

5.4. Completa las frases con los verbos entre paréntesis usando futuro imperfecto o futuro perfecto.

2. Es muy joven, ¿............................ *(poder, él)* llevar un trabajo con tanta responsabilidad?

5. ¿............................ *(ser, yo)* capaz de realizar este trabajo?

1. ¿Por qué .... *(dejar, él)* su último trabajo?

6. ¿............................ *(leer, él)* todo mi currículo antes de la entrevista?

3. ¿............................ *(tener, él)* suficiente experiencia en este sector?

7. ¿............................ *(ganar, yo)* suficiente dinero?

8. ¿............................ *(entrevistar, él)* a muchos candidatos antes que a mí?

4. ¿............................ *(trabajar, él)* bien en equipo?

9. ¿............................ *(tener, yo)* que viajar mucho?

5.5. Transforma las siguientes frases expresando probabilidad en presente, futuro o pasado cercano.

> *Adela es muy puntual para llegar a trabajar, pero hoy son las 10 de la mañana y todavía no ha llegado. Tiene una reunión muy importante, sus compañeros están preocupados y piensan...*

1. Está en un atasco.

....

2. Se ha quedado dormida.

....

3. Se ha olvidado de la reunión.

....

4. Está enferma.

....

5. Ha perdido el autobús.

....

6. No va a llegar a tiempo para la reunión.

....

7. Está a punto de llegar.

....

8. La han despedido.

....

Lee esta carta de presentación. Hay cinco fórmulas que no son adecuadas para una carta formal. Localízalas y escríbelas de forma adecuada.

28 de junio de 20xx, Madrid

Ana Tobar
C/ Aníbal, 7
28002 Madrid
Tfno.: 678543564
anatobar@jotmail.com

GALINA, S.A.
P.º Independencia, 240, 2.ºH
Att. Rosa Sardeña
Dpto. Personal
28012 Madrid
Ref: ATV

Querida señora:

Con referencia a la oferta de empleo publicada en el periódico *El País*, le mando mi currículum vítae con el fin de poder aspirar al puesto de agente comercial que solicitan.

Como podrá comprobar en el mismo, tengo experiencia en este campo, ya que estuve desempeñando un trabajo similar por un periodo de 3 años en una renombrada empresa de Barcelona.

Si cree que es una buena idea, solicito una entrevista para poder ampliar los datos de mi currículum.

Como no tengo más que decir, le digo adiós.

Fdo.: Ana Tobar

1. ....
2. ....
3. ....
4. ....
5. ....

5.7. Lee estas ofertas de empleo, elige una y escribe una carta de presentación para solicitar el puesto de trabajo.

Cabletel

Busca ingeniero de telecomunicaciones.

Se requiere:
- Experiencia previa en el sector.

Se ofrece:
- Jornada completa.
- Contrato indefinido.
- Sueldo a convenir.

Contacto:
Sr. Luis Tosada
cabletel@cabletel.com

Personal S.A.
Contabilidad y Finanzas

Se precisa contable para desempeñar diferentes funciones en departamento de finanzas.

Se ofrece:
- Jornada parcial.
- Contrato indefinido.

Imprescindible:
- 3 años de experiencia.
- Nivel alto de inglés.
- Dominio de Excel.

Enviar CV a:
Sra. Andrea Hernández
Departamento financiero
ahernandez@personalfinanzas.com

Ainda Hoteles

Importante empresa hotelera precisa recepcionista. Formación a cargo de la empresa.

Se requiere:
- Edad entre 25 y 35 años.
- Dominio de inglés y francés.

Se ofrece:
- Jornada completa.
- Contrato temporal.

Contacto:
Sr. José Manuel Garzón
Departamento de Recursos Humanos

aindahoteles@españa.es

5.8. Escribe las palabras de los siguientes cuadros en el lugar correspondiente.

realista ■ sinceridad ■ reto ■ repercusión ■ selección ■ personalidad ■ metas ■ defectos

¿Cómo se definiría?

Sería bueno reflexionar sobre algunos adjetivos que destaquen tu (1) ...., siempre resaltando tus puntos fuertes, hablando de tus (2) .... de una manera muy general y sin que puedan comprometerte.

¿Cuáles son sus mayores virtudes y sus defectos?

Elige las virtudes que tengan alguna (3) .... en lo profesional, por ejemplo: responsabilidad, espíritu de equipo, don de gentes, etc., y en cuanto a los defectos, intenta ser (4) .... y comenta algún defecto real y no olvides hablar de qué estás haciendo para mejorarlo.

¿Tiene novio/a? ¿Tiene intención de quedarse embarazada?

Estas cuestiones pueden provocar incomodidad. En estos casos no estás obligado a contestar, puedes responder amablemente, preguntando si es realmente importante para el proceso de (5) ...., o bien responder con total (6) ....

¿Cuáles son sus planes de futuro?

A las empresas les gusta saber que sus empleados tienen claras sus (7) .... Puedes explicar que esperas tener un trabajo que sea un (8) .... continuo y permita desarrollarte profesionalmente y personalmente. En este tipo de preguntas es conveniente dejar clara tu inquietud por aprender y por el reciclaje profesional.

puesto ■ incómoda ■ compañía ■ empresario ■ sueldo ■ beneficio

¿Por qué quiere trabajar con nosotros?

Es importante conocer algunos datos de la (9) ....: si está especializada en algún sector en expansión, si es líder en sus productos, su situación estratégica respecto a sus competidores. De esta manera, estarás preparado para responder de una forma razonada y estará bien claro tu interés por el (10) .... ofrecido.

¿Por qué cree que deberíamos contratarle?

Con estas preguntas, el entrevistador sabe hasta dónde estás dispuesto a luchar por el trabajo. El (11) .... quiere a alguien realmente interesado en el trabajo y dispuesto a dar lo mejor en su (12) ....

¿Cuáles son sus expectativas económicas?

Pregunta esperada e (13) .... a la vez. La mejor manera de abordarla es decir que se espera un salario acorde con tu formación y las responsabilidades que asumirás. Sería bueno informarse sobre el (14) .... medio del puesto de trabajo en cuestión. Si todo sale bien, el momento de negociar el salario será más adelante cuando el empleo ya sea tuyo.

5.9. Escucha estas entrevistas y completa los cuadros.

[23]

	Profesión	Tipo de contrato	Jornada laboral	Horario	Vacaciones
Entrevista 1					
Entrevista 2					
Entrevista 3					